KB261426

지知와 땀과 눈물의
긴키대학류 커뮤니케이션 전략

세코 이시히로 世耕 石弘 지음
이윤옥 李潤玉 옮김

지知와 땀과 눈물의
긴키대학류 커뮤니케이션 전략

초판 1쇄 발행　2019년 5월 31일

지은이　세코 이시히로 世耕 石弘
옮긴이　이윤옥 李潤玉

펴낸이　박민우
기획팀　송인성, 김선명, 박종인
편집팀　박우진, 김영주, 김정아, 최미라, 전혜련
관리팀　임선희, 정철호, 김성언, 권주련

펴낸곳　(주)도서출판 하우
주소　서울시 중랑구 망우로68길 48
전화　(02)922-7090
팩스　(02)922-7092
홈페이지　http://www.hawoo.co.kr
e-mail　hawoo@hawoo.co.kr
등록번호　제475호

Copyright ⓒ 2019 by 世耕 石弘

ISBN 979-11-90154-19-2　03320

값 18,000원

긴키대학류 커뮤니케이션 전략

세코 이시히로 世耕 石弘 지음
이윤옥 李潤玉 옮김

도서출판 夏雨

차례

1장

문제는 올바르게
제기할 때
해결된다

입학식과 졸업식은 최강의 홍보 콘텐츠

6장

사립대학은
기업인가?

부록

원서인 "긴대 혁명"을 한국어로 옮길 수 있는 소중한 기회를 제공해 준 저자 세코 이시히로(世耕 石弘) 긴키대학교 총무부장님과 기획자인 산케이신문사 마츠오카 타츠로(松岡 達郎) 편집위원님께 먼저 사의를 표합니다.

출판사의 끈질긴 요청에 의해 기획된 원서와는 달리 번역서 "지(知)와 땀과 눈물의 긴키대학류 커뮤니케이션 전략"은 역자가 먼저 제안을 했습니다. 그 이유는 원서의 내용을 함께 하고 싶은 대상이 많았기 때문입니다.

그즈음 한국에서는 〈SKY 캐슬〉이라는 드라마에서 대한민국의 사교육 문제와 과잉 교육열을 적나라하게 묘사하고 있던 때라 더 그랬는지도 모르겠습니다. 드라마에서는 지금 누리는 기득권을 대대로 물려주고 싶어하는 상위 0.1% VVIP들의 이야기였지만, 대다수 사람이 배제되고 주변화되어 가는 한국 현실에 일침을 가한 것이 아니었나 싶습니다.

늘 버겁고 숨이 찬 수험생들과 모든 걸 희생해 가며 그들을 뒷바라지하는 학부모들에게 대학의 교육적 특성도 고려하지 않고 성적에만 맞춰 대학을 선택하는 일에 의문을 제기하고 싶었습니다. 그리고 현실의 방향과 미래의 불안 속에 좌절을 거듭하는 취준생들에게도 어떤 자극이 되었으면 하는 바람이 있었습니다.

또한 일본과 마찬가지로, 대학계의 심각한 문제로 대두된 대입 수험생의 감소로 인해 위기에 직면해 있는 대학 관계자들과도 공유하고 싶었습니다.

그리고 저희 대학이 실천해 온 홍보 전략은 기업이나 비즈니스맨들에게도 유용하면서 구체적인 사례가 될 것이라고 생각했습니다. 그래서 머지않아 맞닥뜨릴 저출산 및 고령화 사회를 슬기롭게 준비할 수 있는 힌트를 얻는 지침서가 될 수도 있겠다는 생각이 들었습니다.

　지금은, 누군가가 이 책을 통해 새로운 각오를 하고 작은 힌트를 얻어서 행복을 느낄 수 있기를 간절히 소망해 봅니다.

　이 번역서가 완성되기까지는 많은 분의 도움과 사랑이 있었습니다. 그중에서 몇 분에게만 이 자리를 빌어 인사를 하려고 합니다.

　사랑의 로사리움 링으로 응원해 주신 국민대학교 이동은 교수님, 함께 한 자리에서 저의 취지를 들으시고 흔쾌히 출판을 약속해 주신 도서출판 하우 박민우 대표님께 감사를 드립니다. 그리고 언제나 제 출판물을 기획하고 예쁘게 완성시켜 주시는 송인성 과장님께도 고마움을 전합니다.

　역자가 일본에서 오래 산 탓에 한국어 표현이 부자연스러운 원고를 꼼꼼하게 읽고 지적해 주신 수필가 왕린 씨께도 짐심으로 감사를 드립니다.

　마지막으로, 방학 때마다 일거리를 싸들고 가 하루 종일 책상 앞에만 붙어 있는 시누이에게 싫은 내색 한 번 없이 좋은 환경과 맛있는 음식으로

지知와 땀과 눈물의
긴키대학류 커뮤니케이션 전략

도와준 사랑하는 최희교 언니와 언제나 아낌없는
사랑과 우애로 격려해 주는 우리 가족 모두에게
고마움을 전합니다.

2019년 3월
남산과 성벽의 기운이 모여드는
작은 정원이 예쁜 오빠집에서

이윤옥

저출산으로 인해 18세 인구의 감소 추세가 현저하게 나타나고 있습니다. 일본의 사립대학 절반 정도는 이미 정원 미달 사태로 존폐 위기에 직면해 있으며, 학생 유치에 실패하는 대학은 도태될 수밖에 없는 시대를 맞이한 것입니다. 인구가 사천만 정도의 수도권이라면 몰라도 간사이(関西) 지역을 본거지로 하는 긴키대학 또한 어려운 처지에 놓여 있음은 두말할 필요가 없습니다.

저는 2007년에 긴키일본철도(현·긴테츠그룹홀딩스)의 홍보담당 과장에서 조부 세코 코이치(世耕弘一)가 창립한 긴키대학으로 이직하여 홍보와 광고를 통해 대학의 지명도 상승과 브랜드 이미지를 향상시키기 위해 노력해 왔습니다.

지知와 땀과 눈물의
긴키대학류 커뮤니케이션 전략

덕분에 긴키대학은 2014년도 입시에서 지원자 수 전국 1위를 차지했습니다. 이것은 수도권 밖의 대학으로서는 처음 있는 일입니다. 그때부터 2017년도 입시까지 4년 연속 선두 자리를 지켜온 결과 여론의 주목을 크게 받고 있습니다.

특히 2017년도에는 14만 6,000명의 수험생이 지원해, 2008년도의 7만 1,000명에 비하면 10년 사이에 두 배가 넘는 성장세를 보였습니다.[1]

지난 10년을 돌이켜보면, '긴키대학 브랜드 이미지 향상'이라는 목표 달성에 장벽이 되어 온 것은 고정화된 대학계의 서열이었습니다. 일본은 도쿄대학을 정점으로 하는 서열의 틀 안에서 모든 대학이 안주하는 것처럼 보입니다. 일반적으로 도

---

[1] 역주: 2018년도 지원자 수는15만 6,225명으로 전년도 대비 9,329명 증가. 2019년도 일반 입시 지원자 수는 전년도 대비 1,553명 감소한 15만 4,672명으로 2012년도 입시 이래 7년 만에 감소. 그러나 추천 입시를 포함한 총 지원자 수는 전년도 대비 5,160명 증가하여 역대 최고인 20만 8,564명을 기록하면서 6년 연속 전국 1위.

'교체전 없는 리그전'을 끝내다 – 머리말을 대신하여

쿄대학, 와세다대학, 게이오대학 이 세 대학에 모두 합격한 수험생이 소케이(早慶), 즉 와세다대학이나 게이오대학에 입학하는 경우는 없습니다. 반대로 소케이가 도쿄대학으로부터 우수한 학생을 유치하기 위해 나서는 일도 없습니다. 이와 같은 '교체전 없는 리그전' 탓으로 대학계의 판도(版圖)는 바뀌지 않고 있습니다.

이처럼 현실에 안주하고 있는 한 일본의 대학은 경쟁력이 떨어질 수밖에 없습니다. 세계로 눈을 돌려보면, 미국의 하버드 대학만 하더라도 입시에 합격한 학생이 실제로 입학으로 이어지는 확률이 합격자의 70% 정도밖에 되지 않습니다. 나머지 30%는 스탠퍼드대학과 같은 다른 대학으로 진학합니다. 외국에서는 연구 내용이나 개성을 고려해 대학을 선택하는 경우가 많습니다. 게다가 하버드 대학과 같은 경우는 많은 예산을 책정한 다음 강력한 전문 부대를 편성하여 범세계적으로 우수한 유학생 유치에 박차를 가하고 있지 않습니까?

타임즈 고등교육 매거진 *The Times Higher*

지知와 땀과 눈물의
긴키대학류 커뮤니케이션 전략

*Education*이 발표한 '세계 대학 순위 2016-2017'에서 도쿄대학은 39위였습니다. 전년도 43위에 비하면 조금 올라갔지만, 아시아권 대학에서도 4위밖에 되지 않습니다. 과거에는 아사아권 대학 랭킹 넘버원이었습니다. 그러나 현재는 싱가포르 국립대학, 중국 베이징대학, 그리고 칭화대학의 다음 자리를 지키고 있는 실정입니다. 앞으로는 말레이시아나 인도 등에서도 우수한 대학이 속출하리라고 봅니다.

일본만 변함없는 무경쟁 상태가 지속되어, 도쿄대학이 세계 랭킹에서 순위가 밀리게 된다면 상대적으로 일본 대학의 지위도 낮아지게 됩니다. 그래서 일본의 대학계는 경쟁을 통한 성장이 여느 때보다 절실한 시기라는 점을 강조하고 싶습니다.

긴키대학이 위치하고 있는 간사이 지역에는 '간간도리츠(関関同立)'(간사이대학(関西大学), 간사이가쿠인대학(関西学院大学), 도시샤대학(同志社大学), 리츠메이칸대학(立命館大学))라는 네이밍이 있습니다. 이것은 단지 어감이 좋다는 이유만으로 입시학원이 만들어낸 그룹명인 동시에 서열이 정해

'교체전 없는 리그전'을 끝내다 −
머리말을 대신하여

저 있습니다. 긴키대학은 '산킨코류(産近甲龍)'(교토산교대학(京都産業大学), 긴키대학(近畿大学), 코난대학(甲南大学), 류코쿠대학(龍谷大学))로서 '간간도리츠' 그룹보다 낮은 서열에 포함되어 있습니다. 긴키대학이 간간도리츠를 따라잡고 앞지르기는 그리 간단하지 않을 것입니다. 그러나 불가능하다고 생각했던 일이 만약 간사이 지역에서 일어난다면, 그것이 전국적으로 확산되어 일본 대학계 전체가 변화하는 계기가 될 수도 있지 않겠습니까? 저는 믿고 있습니다. 긴키대학이 지원자 수 전국 1위를 달성한 이후 여러 곳에서 강연 의뢰가 들어옵니다. 2년 동안 150회 이상 강연을 했고 총 3만 명이 제 강연을 들었습니다.

강연의 주제는 브랜드 이미지 향상을 위한 홍보 커뮤니케이션 전략이 대부분이지만, 대학뿐만 아니라 기업이나 공공기관에서도 주목하는 것 같습니다. 최근에는 메가뱅크나 신문사, 방송국, IT 벤처기업, 지방자치단체 등에서도 의뢰가 들어옵니다.

지知와 땀과 눈물의
긴키대학류 커뮤니케이션 전략

대학과 인연이 먼 곳까지 강연을 하러 가는 데는 이유가 있습니다. 단순하게는 긴키대학과 전혀 관계없는 사람들에게 친근함과 흥미를 느낄 수 있는 계기를 마련하기 위해서입니다. 즉 긴키대학을 알리는 새로운 기회가 될 뿐 아니라 이 또한 홍보 전략의 하나라고 생각하기 때문입니다.

강연을 마치고 나면, 케케묵은 상식이나 서열의 고정화 때문에 힘들어하는 것이 단지 대학계뿐만 아니라 다른 많은 업계에도 존재한다는 느낌이 전해져 옵니다. 특히 좋은 제품을 생산하면서도 대기업의 이름에 밀려 자사 제품의 가치를 어필하지 못하는 중소기업이나 지리적으로 불리한 조건을 가진 지방기업이나 자치단체, 또는 업계의 굴레로 인해 성장하지 못하는 벤처기업 등이 그렇습니다. 눈 앞의 한정적인 시장에서 어떻게 박차고 나갈 것인지가 과제이기 때문에 그들의 위기감은 더 심한 것 같습니다.

같은 고민거리를 안고 있는 사람들에게 '교체전 없는 리그전'이라 할 수 있는 일본 대학계의 현실을 바꿔보려고 발버둥쳐 온 저희의 활동을 피력

'교체전 없는 리그전'을 끝내다 ―
머리말을 대신하여

하면 진심으로 마음을 열고 공감하십니다.

저희도 애초에는 완전 양식에 성공한 긴키대학 참치에 대한 질문밖에 받지 못했습니다. 'PR을 잘하셨네요!' '지원자를 늘린 것은 참치 덕분입니까?'라는 것이었습니다. 그러나 일반 기업의 성공 사례를 보더라도 홍보와 광고만으로 브랜드 이미지를 높였다는 사례는 없습니다. 어필할 만한 높은 기술력과 상품이 없으면 그냥 일과성으로 끝나버리고 맙니다. 긴키대학에도 오랜 세월에 걸친 연구 성과와 꾸준한 교육 개혁을 실천해 온 결과물이 있었기에 홍보와 광고에서도 힘을 발휘할 수 있었다고 생각합니다.

안타깝게도 저희는 아직 '일본 대학의 서열을 뒤집을 만한 단계'까지는 오지 못했습니다. 그러나 저희의 도전이 일본의 대학 경영과 홍보 전략을 바꾸는 계기가 되고 나아가서는 대학교육 그 자체를 변화시킬 수 있을 거라는 기대와 자부심이 있습니다.

왜 질서를 타파하지 않으면 안 될까? 왜 비상식이라고 할 정도의 홍보 전략이 필요할까? 저희

지知와 땀과 눈물의
긴키대학류 커뮤니케이션 전략

가 지금까지 분투해 온 궤적과 그 이면의 솔직한
이야기를 여러분과 공유하려고 합니다.

'교체전 없는 리그전'을 끝내다 –
머리말을 대신하여

문제는
올바르게 제기할 때
해결된다

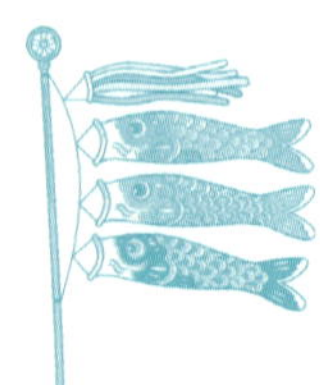

문제는 올바르게 제기할 때 해결된다

긴키대학의 현실에 직면하다

제가 긴키대학으로 자리를 옮긴 것은 2007년 12월입니다. 광고와 선전을 담당하는 입시홍보과 과장직을 임명받았으며, 그때 저에게 주어진 미션은 홍보를 통해 입시 지원자 수를 늘리는 것이었습니다. 당시 이사장이셨던 부친께서 '만약 지원자

지知와 땀과 눈물의
긴키대학류 커뮤니케이션 전략

수가 한 명이라도 줄어드는 날에는 너는 바로 해고 다'라고 하셨던 말씀이 지금도 생생하게 떠오릅니다.

그런 말씀을 하신 연유는, 정점을 찍었던 1993년도의 지원자 수 12만여 명이 2006년도에는 7만 7천여 명으로 줄었기 때문입니다. 이 숫자는 전국 1위는커녕 간사이 지역에서도 겨우 3위였습니다. 게다가 간사이권에서 1~2위였던 간사이대학과 리츠메이칸대학과도 큰 차이를 보였습니다. 부친께서는 '입시생 모집에 실패하면 미래는 없다'고 하시며, 어쩌면 대학이 도산할 수도 있다는 위기감마저 느끼고 계셨던 것 같습니다.

그러나 막상 저의 미션인 지원자 수를 늘리기 위해 움직여 보니, 긴키대학에 대한 세인들의 평가가 상상 외로 냉엄한 현실에 맞닥뜨렸습니다.

긴키대학의 입시제도를 설명하기 위해 고등학교나 입시학원을 방문해 보면 '저희는 긴키대학과 같은 대학을 목표로 하지 않습니다'라는 식의 문전박대하는 일이 허다했습니다. 간사이 지역의 고등학교나 입시학원이 내거는 현수막에는 '간간도리츠

등 다수 합격!'이라는 문구를 자주 사용합니다. 긴키대학은 '간간도리츠'가 아닌 '등'에 해당되는 것입니다.

또 다른 경험도 있습니다. 한 고등학교로부터 '저희 학교에는 긴키대학 지망생이 많습니다. 제발 강연하러 와 주시지 않겠습니까?'라는 다급한 의뢰를 받고 신바람이 나서 찾아갔습니다. 고마운 마음에 강연 또한 열정적으로 했습니다. 교장 선생님도 학생들에게 '여러분 열심히 공부해서 반드시 긴키대학에 합격합시다'라는 말씀까지 해주셔서 얼마나 기뻤는지 모릅니다. 그런데 교정을 나오다 우연히 눈에 들어온 현수막에는 '축 합격! 간사이의대 · 소케이 · 간간도리츠'라는 대학명만 있지 정작 있어야 할 긴키대학 이름은 없었습니다. 많은 학생이 긴키대학을 목표로 한다는 것을 전제로 한 강연인만큼 어떻게 된 일이냐고 교장 선생님께 여쭤 보니, '올해 처음으로 간사이의대 합격자가 나왔습니다'라며 희색 만연한 표정을 짓는 것입니다. 저는 현수막에 왜 저희 대학 이름이 없느냐는 질

지知와 땀과 눈물의
긴키대학류 커뮤니케이션 전략

문이었는데 교장 선생님은 제 질문의 의도조차 이해하지 못 하셨던 것입니다. 즉 이 고등학교의 학생들이 가장 많이 진학하는 곳이 긴키대학인데도 불구하고 자랑할 만한 합격 실적에는 넣어 주지 않았던 것입니다.

이 사건을 계기로 저는 두 가지 미션을 생각하게 되었습니다. 하나는, 자신의 직장이 세간으로부터 받는 평가가 이 정도밖에 되지 않는다는 현실을 받아들여야 했습니다. 전 직장인 긴테츠에서는 노선 거리가 일본 1위 민영철도회사라는 자부심이 있었습니다. 그런데 조부가 창립한 긴키대학도 동격의 평가를 받고 있으리라 믿고 있었던 저의 판단이 완전한 착오였음을 실감하는 계기가 되었습니다.

또 하나는, 앞에서 말한 고등학교에서 긴키대학으로 진학한 학생들이 여름방학을 이용한 모교 방문 행사 때 어떤 생각을 할까?라는 것이었습니다. 현수막을 보는 긴키대생들이 '역시 난 좋은 대학에 들어가지 못한 거야!'라며 한숨 지을 것 같은 그들의 얼굴이 떠올랐습니다.

01. 문제는 올바르게
제기할 때 해결된다

긴키대학은 과거 한때까지는 남성적이고 방카라대학이라는 이미지였습니다. 씨름 선수를 여러 명 배출했고 전 프로 복서이며 배우 겸 탤런트인 아카이 히데카즈(赤井 英和) 씨가 졸업한 대학으로 잘 알려져 있습니다. 스포츠계 이미지가 강하다는 것은 알고 있었지만, 뭐라고 딱 꼬집어 말할 수 없는 어떤 비애를 느끼게 한 여러 경험을 하면서 세간이 품고 있는 긴키대학의 이미지가 수험생들에게도 '좋은 대학'이 아니라는 현실을 직시하게 된 것입니다.

'18세'의 심각한 의미

지금까지는 긴키대학의 아픈 현실에 포커스를 맞춘 내용이었지만, 이제부터는 긴키대학을 포함한 일본의 모든 대학이 직면하고 있는 큰 문제를 조명해 보겠습니다.

이 문제는 저출산으로 인한 18세 인구의 지속적인 감소와 밀접한 관계가 있습니다. 제가 긴키대학으로 자리를 옮긴 후에 문부과학성에서 제시한 18세 인구의 추이 예측을 보고 놀라움을 금치 못했던 일은 지금도 잊을 수 없습니다. 이직을 결심할 당시에는 전 직장인 철도회사에 비해 여름방학이나 설연휴 휴가가 길어 시간적 여유가 있을 거라는 안이한 생각을 하고 있었는데, 문부성에서 제시한 18세 인구의 감소폭을 보고는 엄청난 충격을 받았습니다.

정점을 찍었던 1992년의 205만 명이었던 18세 인구가 2031년에는 100만 명에도 못 미치는 99만 명이라는 것입니다. 약 40년 만에 마이너스 52%, 즉 절반 이상으로 감소하는 것입니다. 2018년의 18세 인구는 118만 명으로 추산하고 있지만, 이후부터 본격적인 감소 현상이 나타나기 때문에 일본의 대학계는 '2018년도 문제'라는 이름 하에 경각심을 일깨우고 있습니다.

이 수치가 잘 알려져 있음에도 불구하고 대학계 이외의 업계에서는 그다지 민감한 반응을 보이지 않고 있습니다. 18세 인구가 40년 동안에 반감

01. 문제는 올바르게
제기할 때 해결된다

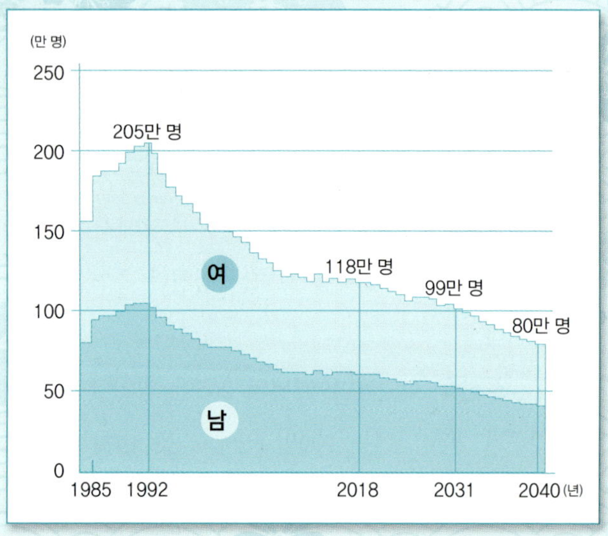

하지만, 같은 기간에 일본의 전체 인구는 1억 2천만 명에서 1억 1천만 명으로 줄어들 뿐 10% 이하의 감소율로 그친다고 예측하기 때문입니다.

즉, 의류를 판매하는 기업이라면 젊은 층의 제품에서 대상 연령을 높여 대처하면 되는 것이고, 제가 다니던 철도회사에서도 학생들의 통학정기권 판

지知와 땀과 눈물의
긴키대학류 커뮤니케이션 전략

매 비율이 낮아진다고 하더라도 정년퇴직한 고령자 대상의 여행 상품 등으로 수요를 발굴할 수 있는 길이 있습니다.

그러나 대학의 표적은 18세입니다. 17세는 수험생이 아닙니다. 19세 재수생이나 20세 삼수생은 그다지 많지 않습니다. 18세 인구 볼륨이 이렇게까지 줄고 있다는 것은 아주 끔찍한 일이 아닐 수 없습니다.

최근 도쿄대생들의 수준이 낮아지고 있다는 여론이 있습니다. 18세 인구가 가장 많았을 때의 도쿄대생은 205만 명 중 선두 3천 명이었지만, 현재는 120만 명 중의 선두 3천 명이기 때문에 수준이 낮아지는 것은 어쩌면 당연한 일인지도 모릅니다. 18세 인구가 지속적으로 감소하는 가운데 어느 대학이든 과거에 비해 확실히 들어가기 쉬워졌다고 할 수 있습니다.

그럼에도 불구하고 일본의 많은 대학 관계자들이 아직 여유로운 표정을 보이는 것은 현재 50% 정도의 대학 진학률을 정부가 언젠가는 높여 줄

거라고 낙관하기 때문이 아닐까요?

　그러나 그런 기대는 어떤 면으로 보더라도 희망에 불과합니다. 앞으로는 점점 더 대학에 가는 자체가 의미 없어질지도 모릅니다. 대학측은 폭넓은 교양을 갖추기 위해서는 최고 학부에서 배울 필요가 있다고 하겠지만, 고졸인 사람에게 교양이 없다고 하는 건 말이 되지 않습니다. 요즘은 인터넷을 이용하면 세계 각 대학의 강의를 들을 수 있습니다. 대학교수의 강의 내용은 이미 인터넷상에 올려져 있다고도 합니다. 10년 전의 강의 노트를 지금까지 그대로 쓰고 있다면 대학에서 배울 의미란 없는 것입니다.

　물론 '대졸'이라는 그 자체에 가치를 두는 사람들이 아직 많은 것 또한 현실입니다. 부모 역시 자녀의 대학 진학을 바라는 경향이 계속될 것이라고 봅니다. 그러나 학생 모집에 실패하는 대학은 상상 이상으로 빠르게 도산할 것입니다. 대학의 재무 체질이 지극히 단순하기 때문입니다. 대학이 도산하는 사태는 빌려준 돈을 회수하지 못하든가,

토지에 투자한 평가 손해로 학교 경영이 악화하는 사례를 떠올릴 수 있겠지만, 그것은 버블 붕괴 후에 보였던 특수한 시대의 사정입니다. 학생 유치에 실패하는 대학은 망할 수밖에 없는 아주 단순한 구조입니다.

제가 긴키대학으로 자리를 옮겼을 당시, 입시 지원자 수가 정점을 찍었던 해에 비해 절반 정도로 감소한 시기였습니다. 이 현상을 기업에 대치시켜 생각해 보십시오. 예를 들면, 주택건설업자가 현 상황에서는 나름의 수익을 확보한다고 하더라도 주택 전시장의 신규 참가자가 12만 명에서 7만 7천 명으로 줄어든 상황입니다.

여러분은 만약 이런 사정을 알면서도 그 회사의 주식을 사겠습니까? 그 당시 긴키대학도 매우 위기적인 상황으로 저출산의 영향을 제대로 받고 있었다고 할 수 있습니다. 기업의 수익에 대치시켜 보았을 때 몹시 어려운 경영 처지에 놓여 있음을 알게 된 저는 대학의 홍보 업계도 기업들과 마찬가지로, 아니 그보다 더 앞서 나가야 한다는 생각을

01. 문제는 올바르게
제기할 때 해결된다

하게 되었습니다.

'산킨코류협회'에 입회서를 제출한 기억이 없다

긴키대학이 빠져들어 좀처럼 헤어나지 못하는 아픈 현실이 또 하나 있었습니다. 그것은 근거도 확실치 않은 대학의 그룹별 서열입니다. 일본에서는 많은 수험생이 이 그룹별 서열을 기준으로 지원할 대학을 정합니다. 긴키대학의 처지를 생각해 보면, 앞에서도 말씀드렸듯이, 마치 교체전 없는 리그전에 방치된 상황입니다.

'긴키대학이'라고 했지만, 일본에서는 모든 대학이 같은 상황에 처해 있다고 할 수 있습니다. 달리 표현하면, 긴키대학이 위치해 있는 간사이 지역에는 3개의 리그가 있다고 저는 봅니다. 1부 리그는 교토대학(京都大学)·오사카대학(大阪大学)·고베대학(神戸大学)입니다. 세 대학 모두 난관 국립대학이지만 순위 또한 불변의 아무런 재미도 없는

지知와 땀과 눈물의
긴키대학류 커뮤니케이션 전략

리그입니다. 왜냐하면, 수험생들 세계에서 오사카대학은 아무리 노력해도 교토대학을 이길 수 없고, 오사카대학이 아무리 놀고 자더라도 고베대학에 질 일은 없다는 철벽같은 서열이 있기 때문입니다.

2부 리그는 간사이대학·간사이가쿠인대학·도시샤대학·리츠메이칸대학의 4개 대학입니다. 간사이 지역 사립대학에서는 무적의 '간간도리츠'라는 브랜드입니다. 사오십 년 전의 입시 등급을 근거로 한 것이지만, 어감이 좋은 탓에 어린아이들마저 한 번 들으면 외워버리고 마는 네이밍입니다. 각 대학의 개성이나 특성은 무시된 채 하나의 그룹으로 고정화되었습니다.

3부 리그는 교토산교대학·긴키대학·코난대학·류코쿠대학의 4개 대학입니다. 즉, 간사이 지역에서는 '산킨코류'라는 네이밍으로 그룹 지어져 있으며, '긴키대학'은 이 그룹에 속해 있습니다. 간사이 1부 리그는 국립 대학이기 때문에 난이도 외에도 시험 과목 등에서 명확한 차이를 보이지만 '간간도리츠'나 '산킨코류'에는 어떤 기준이 있는 것도 아

01. 문제는 올바르게
제기할 때 해결된다

닙니다. 입시 등급을 기준으로 했다 하더라도 수십 년 전의 데이터이며, 최신 동향에 따라 리그가 교체되는 그런 구조 또한 아닙니다.

저로서는 단지 어감에 얽매여 있는 것에 지나지 않는다고밖에 볼 수 없습니다. 긴키대학이 '산킨코류협회'에 입회서를 제출한 적이 없기 때문에 탈퇴할 수도 없는 노릇입니다. 반영구적으로 이 서열 그룹 안에 머물러야 하는 처지에 놓여 있습니다.

이와 관련하여 간토(関東)지방에서는 도쿄대학이 프리미어리그 한 팀으로 우뚝 솟아 있는 상태입니다. 그 아래 1부 리그는 히토츠바시대학(一橋大学), 도쿄코교대학(東京工業大学), 도쿄가이코구고대학(東京外国語大学)이라는 난관 국립대 그룹입니다. 2부 리그는 와세다대학(早稲田大学), 게이오기주쿠대학(慶応義塾大学), 조치대학(上智大学), 도쿄리카대학(東京理科大学)의 4개 대학 즉, 소케이조리(早慶上理)그룹입니다.

그 다음 3부 리그는 메이지대학(明治大学), 아오야마가쿠인대학(青山学院大学), 릿쿄대학(立教

大学), 주오대학(中央大学), 호세이대학(法政大学)
으로, 대학명의 알파벳 첫글자를 따서 만든 용어
'MARCH'로 불리는 그룹입니다.

거기에 '니토코마센(日東駒專: 니혼대학(日本大
学), 토요대학(東洋大学), 코마자와대학(駒沢大学),
센슈대학(專修大学))'과 '다이토아테이코쿠(大東亜
帝国: 다이토분카대학(大東文化大学), 토카이대학
(東海大学), 아세아대학(亜細亜大学), 테이쿄대학(帝
京大学), 코쿠시칸대학(国士館大学))'가 그 뒤로 이
어집니다. 최근에는 '간토조류에도자쿠라(関東上
流江戸桜)'라는 세련된 네이밍도 있습니다. 간토가
쿠인대학(関東学園大学)·조부대학(上武大学)·류
츠케이자이대학(流通経済大学)·에도가와대학(江
戸川大学)·오비린대학(桜美林大学)을 그룹 지어
부르고 있는 것입니다.

이와는 별도로 구제국대학(도쿄대학(東京大
学)·교토대학(京都大学)·토호쿠대학(東北大学)·큐
슈대학(九州大学)·홋카이도대학(北海道大学)·오
사카대학(大阪大学)·나고야대학(名古屋大学))을 그

01. 문제는 올바르게
제기할 때 해결된다

룹지어 부르기도 합니다. 결국 메이지(明治) 시대부터 쇼와(昭和) 시대에 걸쳐 제국대학으로 설립된 국립대학을 말하지만, 처음 들었을 때 저는 도대체 언제 적 이야기인가 했습니다. '제국대학이란 수십 년 전에 없어진 게 아니냐? 그 이름이 아직까지 가치가 있는가?'라는 저의 질문에 '예. 아직 있습니다. 문부과학성이 중점적으로 예산을 편성하는 것 같습니다'라는 대답이 돌아왔습니다. 고등학생들이 '구제국대학을 목표로 공부하고 있습니다'라는 말을 들으면 저는 그냥 시대착오적인 농담으로 흘려 버리고 맙니다. 그러나 이러한 서열별 대학 그룹이 21세기인 지금까지도 정착되어 있다는 사실은 너무나 안타까운 일입니다.

이 서열 그룹은 대체로 입시학원과 같은 사교육 기관이 정하고 있습니다. 그들에게도 고등학교 이상으로 대학 합격률이 중요한 홍보 콘테츠가 되기 때문에 필사적으로 어필하지 않을 수 없습니다. 입시 학원이 설정하는 수강 코스 또한 대학 서열별로 그룹이 형성되어 있습니다. 특히 도쿄대학과 교토대학의 합격자 수가 가장 중요시되며, 그 다음으로는 간토권(関東圏) 1·2부 리그 또는 간사이권(関西圏) 그룹의 간간도리츠 합격자 수가 평가의 대상이 됩니다.

어차피 입시학원의 합격 실적에 '니토코마센'이나 '산킨코류'가 들어가는 일은 거의 없지만, 입시학원 측이 긴키대학의 연구와 교육 내용을 검토한 결과로 매겨진 서열도 아닙니다.

일찍이 저는 학내 회의에서 '대학은 교육과 연구만 착실히 하면 반드시 좋은 평가를 받을 수 있다'는 말을 들은 적이 있습니다. 홍보도 대학의 교육 내용과 연구 정보를 잘 어필하면 수험생들에게 진학 동기를 부여할 수 있다는 논리였지만, 안타깝게도 현실은 그렇지 않았습니다.

현재 대부분의 수험생은 지망하는 대학에 어떤 교수가 있으며, 어떤 연구를 하고 있고, 어떤 교육적 특징이 있는지 알지도 못할 뿐만 아니라 알려고도 하지 않은 채 자신의 성적만 고려해 도쿄대학이나 '소케이조리', '간간도리츠'와 같은 브랜

01. 문제는 올바르게
제기할 때 해결된다

드로 정해 버리고 맙니다. 세간에서조차 이러한 대학의 서열별 그룹을 기준으로 판단하고 있는 것 같습니다. 기업의 출신 대학별 취업자 수를 보더라도 이 회사는 소케이 라인에서 끊는구나, 또는 이 회사는 간간도리츠와 MARCH까지구나, 라는 선이 그어져 있음을 알 수 있습니다.

인위적인 네이밍 '간간도리츠(関関同立)'

긴키대학 앞에 가로놓여 있는 간간도리츠라는 그룹 네이밍의 유래에 대해 카피라이터 가와카미 테츠야(河上 徹也) 씨에게 취재와 기사 집필을 의뢰했습니다. 그 결과 뜻밖의 사실이 밝혀졌습니다.

결과에 의하면, 간간도리츠라는 문구가 세상에 처음 빛을 보게 된 것은 1971년 10월 14일 자 오사카신문(현재 휴간)에서였습니다. 오사카신문은 산케이(産経)신문사가 발행하는 간사이 지역 석간지로 교육과 입시 관련 정보에 충실한 신문으로

지知와 땀과 눈물의
긴키대학류 커뮤니케이션 전략

유명했다고 합니다.

당시 간사이대학이 수험생을 대상으로 실시한 학교를 정하고 시험을 치른 동기가 무엇이었냐는 설문 조사에서 ‘제2지망’ 또는 ‘별생각 없이’와 같은 소극적인 응답이 많았다고 합니다. 간간도리츠는, 오사카의 유히가오카(夕陽丘)라는 입시학원의 당시 교장 선생님이 기고한 칼럼에 처음 등장한 네이밍이라는 것입니다. 당시의 칼럼을 그대로 인용하면 다음과 같습니다.

‘제1지망 대학에 들어가지 못했다는 것은, 도쿄대학을 지망했지만 한 단계 낮춰 교토대학에 입학하는 것과 같습니다. 그런 일로 고민할 필요는 없다고 생각합니다. 간간도리츠에 입학하면 취업 면에서도 전망이 밝아 높은 평가를 받는 대학이니까 아무 걱정없습니다. 입학해서 나름대로 열심히 노력하는 것 외엔 다른 방법이 없지 않겠습니까?’
(루비 필자)

그 후 오사카신문에서도 간간도리츠를 사용하게 되었다고 합니다. 한동안은 그 교장 선생님이

01. 문제는 올바르게
제기할 때 해결된다

기고한 칼럼에서만 보였던 문구가 1975년경 무렵부터 수험생을 중심으로 서서히 퍼지더니 급기야는 다른 입시학원에서도 '간간도리츠 코스' '간간도리츠 모의시험'이라는 표현을 쓰기 시작하면서 세상에 자리를 잡았다고 합니다.

더욱이 카피라이터 가와카미 씨는 현 유히가오카 입시학원장 선생님과의 인터뷰에서 흥미롭고 새로운 사실을 알아냈습니다. 오사카 입시 시장에서 유명인이었던 당시의 시라야마(白山) 교장 선생님은 오사카신문 기자들에게 '간간도리츠라는 문구를 유행시켜라'고 부탁까지 했다고 합니다. 흥미로운 점은 바로 그 동기입니다.

당시 간사이 지역의 사립대학은 교토의 도시샤대학과 리츠메이칸대학, 그리고 효고의 간사이가쿠인대학이 다른 사립대학에 비해 월등히 높은 수준의 평가를 받고 있었다고 합니다. 그런데 오사카에는 내세울 만한 사립대학이 없었기 때문에 오사카의 우수한 고등학생들이 교토나 효고의 대학으로 다 뺏기는 실정이었다고 합니다.

지知와 땀과 눈물의
긴키대학류 커뮤니케이션 전략

유히가오카 입시학원은 소재지가 오사카였기 때문에 오사카의 대학을 활성화시키기 위해 시라야마 교장 선생님이 고안해 낸 것이라고 합니다.

난관 4개 사립대학이라는 의미로 도시샤대학, 리츠메이칸대학, 간사이가쿠인대학에 간사이대학을 더해 간간도리츠라는 명칭을 만들면 상대적으로 간사이대학의 위상도 높아질 거라는 의도였습니다.

그때까지만 해도 간사이대학은 배머드대학이라는 이미지가 있어 니혼대학(日本大学) 그리고 긴키대학(近畿大学)과 더불어 '혼킨칸(本近関)'으로 그룹지어져 있었지만 이러한 경위로 간사이 난관 사립대학 간간도리츠라는 새로운 그룹 안에 들어가게 된 것입니다.

순서도 간사이대학을 어두로 간간도리츠라고 한 것입니다. 어감이 좋기도 했지만 간사이대학을 앞머리에 둘 필요가 있었습니다. 대학의 전통이나 등급으로 본다면 도시샤대학의 '도'를 어두에 두는 것이 안정감이 있습니다. 하지만 어디까지나 가나다라 순을 따랐습니다. 가나다라 순으로 한다면

01. 문제는 올바르게
제기할 때 해결된다

간사이대학과 간사이가쿠인대학은 어떻게 되느냐고 반문할지도 모르겠습니다만, 간사이가쿠인대학의 간사이(関西)라는 한자는 같지만 정확한 발음이 관세이(関西)이기 때문에 아무도 이의를 제기할 수 없습니다.

실제로 간사이대학을 제외한 3개 대학, 특히 도시샤대학은 간간도리츠라는 '틀'을 아주 싫어했다고 합니다. 그러나 이 명칭이 생김으로써 간사이 지역에서는 사립대학 붐이 일어났다고 합니다. 그때까지 '국립대가 아니면 안 된다'던 풍조가 변하면서 간간도리츠가 브랜드화되어 품질보증 역할을 했을 뿐만 아니라, 그 덕을 보는 것으로 반론도 없어지게 되었다고 합니다.

간토지방의 MARCH나 니토코마센(日東駒專), 다이토아테이코쿠(大東亜帝国) 등의 서열별 그룹이 수험 정보지에 등장하기 시작한 것은 쇼와(昭和) 시대(1926~1989)가 끝나고 헤세이(平成)(1989~2019) 시대로 접어들 무렵이었다고 합니다. 수험생 인구의 폭발적인 증가로 인해 전국적으로

지知와 땀과 눈물의
긴키대학류 커뮤니케이션 전략

사립대 붐이 일어나면서 현재의 서열 그룹이 정착된 것입니다.

분명 간간도리츠는 근사한 네이밍일 수도 있습니다. 그러나 고작 이런 유례가 현상 타파를 지향하는 긴키대학 앞에 가로 놓인 장벽이라는 것은 안타까운 일이 아닐 수 없습니다. 학종이나 등급을 근거로 한다고 하더라도 이 서열은 사오십 년 전의 데이터입니다. 어디까지나 어감이 우선시되어 있기 때문에 앞으로 산킨코류가 아무리 등급을 올린다고 하더라도 재편성의 대상이 될 가능성은 무척 희박하다고 봅니다.

'산킨코류'라는 서열 그룹만 보더라도, 단지 이 정도의 그룹에 그냥 속해 있는, 즉 전형적인 중견 사립대학이라는 이미지로만 남게 되는 것입니다. 여기에 안주해 버린다면 교체전과 같은 기회는 영영 돌아오지 않을 것이 불 보듯 뻔합니다. 그것으로 끝나는 것도 아닙니다. 18세 인구는 현저히 감소하고 있습니다. 이런 와중에 자신들의 위치가 아직 '중의 중'이라고 안주하고 있다면, 어느새 '중의

하’ 위치로 떨어져 버리는 참혹한 현실에 직면하게
될지도 모르는 일입니다.

외국인이 모르는
일본 대학의 서열 그룹

저희가 아픈 현실을 외면하지 않고 홍보와 광
고에 목숨을 걸고 발버둥치는 이유를 이해하셨으리
라 믿습니다. 긴키대학은 현재의 위치를 유지하는
것도 버겁습니다. 그럼에도 불구하고 저희는 더 높
은 자리로 올라서기 위해 혼신의 힘을 다해 상식에
벗어난 개혁을 과감히 추진해 나가는 중입니다. 평
범하고 상식적인 개혁으로는 절대로 불가능한 환경
에 놓여 있음을 잘 알기 때문입니다.

동시에 어떤 일을 변화시키거나 이루어내기 위
해서는 노력만 한다고 되는 것이 아닙니다. 자신의
문제점이 무엇인지 찾아내고 파악해야 합니다. ‘우
리의 교육력이 낮기 때문에’ 라든가 ‘들어온 학생
들이 공부를 못하니까’ 라는 식으로 변명하는 것

지知와 땀과 눈물의
긴키대학류 커뮤니케이션 전략

은 현실도피일 뿐 그렇게 해서는 어떤 변화도 이룰 수 없을 뿐더러 어떤 성과도 기대할 수 없습니다.

프랑스 철학자 앙리 베르그송은 '문제는 올바르게 제기할 때 그 자체가 해결된다'고 했습니다. 그렇다면 긴키대학이 처해 있는 현실과 안고 있는 문제는 무엇일까? 위에서 말씀드렸듯이 긴키대학의 아픈 현실에 대해 '케케묵고 고정화된 대학의 서열 때문에 긴키대학의 실력을 세간이 과소평가하고 있다'고 문제를 제기했습니다.

'과소평가'라는 인식이 너무 자신만만해 보일지 모르겠습니다. 그러나 긴키대학은 전국에서 4번째로 많은 학생수를 자랑하고 있으며, 부속교를 합치면 니시니혼(西日本)에서 가장 큰 학교법인입니다. 이 점은 충분히 자랑할 만합니다.

게다가 객관적인 평가도 있습니다. 머리말에서도 소개했지만 도쿄대학이 아시아권 4위에 만족했던 *The Times Higher Education*의 세계 대학 랭킹 2016–2017에서 긴키대학은 게이오대학·와세다대학과 함께 800위 안에 들었습니다.

이 랭킹은 긴키대학의 연구 논문에 대한 해외에서의 인용 건수와 외국인 교원 비율, 그리고 외국인 학생 비율 등을 종합적으로 평가한 것입니다. 세계 981개 대학이 공표되었으며 일본의 대학은 69개 대학이 들어 있습니다. 도쿄대학이 39위, 교토대학이 91위입니다. 이하 600위까지 13개 대학이 랭크 인 되어 있습니다. 그중 12교가 국립대학이고, 사립대학은 도요다코교대학(豊田工業大学) 뿐입니다. 그리고 일본의 사립종합대학으로 601위~800위 안에 들어간 대학이 게이오대학, 긴키대학, 와세다대학(알파벳 순)입니다. 그 외의 사립종합대학인 조치대학도 메이지대학도 도시샤대학도 800위권 밖에 자리하고 있습니다.

자만하는 것은 아니지만 이 또한 지표의 하나라고 생각합니다. 영국의 교육전문지가 조사한 것이기 때문에 평가한 사람이 일본의 대학 서열을 알지도 못할 뿐더러 등급을 알 리도 없지 않습니까? 선입견 없이 공정하게 평가한 결과입니다.

지知와 땀과 눈물의
긴키대학류 커뮤니케이션 전략

PR하는 것은 참치가 아니다

과소평가되고 있는 긴키대학의 실력을 제대로 평가해 달라고 PR하는 것이 홍보와 광고의 역할이지만, 저희는 저희가 하는 것을 '긴키대학류 커뮤니케이션 전략'이라고 부르고 있습니다. 엄청나게 특별한 것이 아니더라도 긴키대학을 알릴 수 있는 일이라면 뭐든지 한다는 뜻입니다. 구체적인 사례는 나중에 말씀드리겠지만, 뉴스거리가 될 만한 연구 성과가 있으면 홍보과에서 적극적으로 정보를 발신합니다. 광고의 경우에는 눈에 띄게 하는 것을 목표로 삼고 있습니다. 광고는 누가 봐 주지 않으면 아무런 의미도 소용도 없기 때문입니다.

홍보에 의한 뉴스 릴리스와 광고가 잘 맞물려 긴키대학의 지명도를 전국구로 끌어올린 것은 여러분도 잘 아시는 긴키대학 참치입니다. 2002년 긴키대학 수산연구소(와카야마현(和歌山県) 소재)가 세계 최초로 참다랑어 완전 양식에 성공한 연구 성과로서 광고나 대학 안내지 등에서 어필하거나

01. 문제는 올바르게
제기할 때 해결된다

긴키대학 참치를 제공하는 대학 직영 레스토랑을 오사카 우메다(梅田)와 도쿄 긴자(銀座)에 오픈할 때는 매스컴에서도 크게 보도되었습니다. 지금은 긴키대학의 대명사라고 할 수 있는 존재가 되었습니다.

먹는 장사를 하면서 술을 파는 영업이 대학의 브랜드 이미지 향상에 도움이 되는 일인지는 잘 모르겠습니다. 어쨌거나 중요한 것은 정보를 소나기처럼 쏟아 내려고 합니다.

긴키대학 참치는 홍보와 광고면에서 기적의 산물이라고 할 수 있습니다. 왜냐하면, 32년이라는 긴 여정의 연구 스토리가 있기 때문입니다. 물론 먹어서 맛있고, 헤엄치는 속도는 최고속 스포츠카 수준이며, 게다가 이벤트에서 참치 해체쇼를 하면 박수갈채를 받는 건 떼어 놓은 당상이니까요. 이런 최강의 콘텐츠는 좀처럼 쉽게 나타나는 것이 아니라고 생각합니다.

다만 저희가 PR하는 것은 긴키대학 참치 그 자체가 아닙니다. 그 배후에 있는 '실학 교육'이라는 건학의 정신입니다. 긴키대학에는 긴키대학 참치처럼

지知와 땀과 눈물의
긴키대학류 커뮤니케이션 전략

연구 성과를 실용화해 산업에 결부시켜 온 역사가 깊습니다. 연구는 하되 실용화는 민간 기업에 맡긴다는 타대학과는 분명히 선을 긋고 있으며, 저희가 홍보와 광고에서 내세우는 것 또한 바로 이런 점입니다. 비즈니스로 직결되는 실학 교육의 이념과 더불어 종합대학 중에서도 이과계열이 활성화되어 있어서 모노즈쿠리[1]에서는 압도적인 실력을 자랑하는 긴키대학의 특성을 더욱 내세우고 싶습니다. 이런 점에서 가장 효자 노릇을 한 것이 긴키대학 참치입니다.

유명한 국립대학을 퇴임한 초빙 교수가 노벨상을 받거나 대학 역전 마라톤에서 우승하는 것도 분명 광고 효과는 있습니다. 그러나 대학의 건학 이념과 직결되지 않으면 한시적일 뿐 시너지효과를 기대하기는 어렵다고 봅니다.

저희도 마구잡이로 보도 자료를 내보내거나 광고 기사를 출고하는 것은 아닙니다. 홍보와 광고

1 역주: 제조업에 강한 일본 기업의 특징을 나타내는 말로 혼신의 힘을 다해 최고의 물건을 만든다는 뜻.

01. 문제는 올바르게
제기할 때 해결된다

를 통해 전해야 할 것을 세 개의 축으로 정해 두고 있습니다.

축의 하나는 긴키대학 참치로 대표되는 '실학 교육의 긴키대학을 세간에 인지시키는 일'입니다. 축의 둘은 창립한 지 90년이 되었다고는 하지만 다른 유명대학에 비하면 아직 역사가 짧기 때문에 '전통에 얽매이지 않는 대학의 자세를 세간에 공감시키는 일'입니다. 그리고 축의 셋은 '현 상황의 대학 서열을 파괴하고 공정한 경쟁 체계를 창출하여 일본 대학 전체의 레벨 업을 도모하는 일'입니다.

간간도리츠나 산킨코류와 같은 케케묵은 서열과 틀이 존재하는 한, 교육과 연구를 아무리 잘한다 한들 그것만으로는 과소평가가 해소되지 않습니다. 그래서 상식을 깨는 광고 전략이 절대적으로 필요합니다.

드디어 소케이킨(早慶近) 시대

여기서 케케묵은 상식을 깨부수기 위해 도전

지知와 땀과 눈물의
긴키대학류 커뮤니케이션 전략

한 상징적인 광고를 두 편 소개하겠습니다. 2011년 새해 첫날 전국지(간사이판) 신문에 학내외로 표명하는 결의의 뜻을 담아 전면 광고를 게재했습니다. 이 광고를 통해 전하고 싶었던 것은 바로 간간 도리츠로 상징되는 대학의 서열에 대한 도전이었습니다.

먼저 제4탄에 해당하는 2014년 1월 3일자 광고입니다. 후지산을 언상시키는 산꼭대기 위로 거대한 참치가 박력 있게 얼굴을 내미는 디자인에 '고정개념을, 깨부수다.'라는 캐치프레이즈를 곁들였습니다. 새해 첫날에는 기업들의 힘찬 광고가 온 지면을 장식하기 때문에 조금이라도 더 눈에 띌 수 있는 큰 임팩트를 의식했습니다. 광고대리점에서 처음 제안해 온 디자인은 참치가 로켓이 되어 날아다니는 이미지였습니다. 그 아이디어에서 출발해 산과 긴키대학 참치라는 부조화로운 그림이 완성되었기 때문에 다음은 광고 문안이 문제였습니다.

이미 눈치채셨겠지만 '고정개념'이라는 말은 바

01. 문제는 올바르게
제기할 때 해결된다

른 일본어가 아닙니다. 원래대로라면 '고정관념'이 맞지만 굳이 조어를 사용했습니다. 광고대리점 측의 제안은 '간간도리츠를 앞지르다!'라는 직설적인 표현이었지만 그걸로는 보는 이들의 공감을 얻기에는 충분하지 않다고 생각했습니다. 저희와 마찬가지로 정형화된 가치관에 얽매여 현상 타파에 몸부림치는 이들과 공감할 수 있는 것을 만들고 싶었습니다. 어디까지나 이미지라 할지라도 깨부수고 싶은 대상은 딱딱하고 고리타분한 것이었습니다. 그래서 생겨난 것이 '고정개념'이라는 조어였습니다.

또한 메시지는 긴키대학이 32년이라는 오랜 세월을 포기하지 않고 세계 최초로 이루어낸 참다랑어 완전 양식의 성공을 염두에 두었던 것입니다.

'웃는 녀석도, 비웃는 녀석도 있을지 모르겠다. 그러나 우리는 부도(不倒)의 정신으로 해낼 것이다. 케케묵은 고정개념을 깨부술 것이다. 불가능을 가능케 하는 것이 긴키대학이니까.'

도전적인 메시지는 퇴로(退路)를 모두 끊고 반

지知와 땀과 눈물의
긴키대학류 커뮤니케이션 전략

01. 문제는 올바르게
제기할 때 해결된다

드시 성과를 내겠다는 각오입니다. 이렇게 단언하고 아무런 변화가 없다면 오히려 웃음거리가 될 것입니다. 무책임한 마음가짐으로는 이런 광고를 낼 수 없습니다.

또 한 편은 2017년 1월 3일 자 전면 광고 제7탄입니다. 디자인에 단골로 등장하는 긴키대학 참치를 채용하긴 했지만 캐치프레이즈는 거침없이 '소케이킨'으로 했습니다. 앞에서 소개한 세계 대학 랭킹을 본다면, 일본의 사립종합대학 톱 3가 와세다대학·게이오대학·긴키대학이라는 것을 알 만한 사람은 다 아는 사실을 세상에 알려준 것입니다.

메시지는 광고대리점에 맡긴 것이 아니라 홍보와 광고를 담당하는 직원들이 고안해 낸 역작이기에 전문을 인용하겠습니다.

'구제국대학, 소케이조리, MARCH, 니토코마센, 간간도리츠, 산킨코류. 뜬금없는 질문이지만 이런 대학 서열의 "틀" 한 번 정도는 들어보신 적 있으시죠? 그밖에도 무시무시한 느낌마저 들게 하는 "다이코아케이코쿠" 라든가, 살짝 세련된 느

지知와 땀과 눈물의
긴키대학류 커뮤니케이션 전략

낌을 주는 "칸토조류에도자쿠라"라는 틀도 있습니다. 꽤 괜찮은 네이밍 센스! 하지만 냉정하게 따져 보면 우스꽝스러운 느낌 들지 않으세요? 제국 대학이라? "언제 적 이름이지?" 하고 누군가가 시시콜콜 캐물어도 괜찮지 않을까요? 그렇다 할지라도 이것이 수험생의 대학 선택에 엄청난 영향력을 발휘하고 있다는 것 또한 사실이지요. 그럼 세계로 눈을 돌려보면 어떨까요? 최신 "*THE* 세계 대학 랭킹"에서 일정 이상의 평가를 받은 일본의 사립 종합대학을 머리글자로 묶어 보면 설마가 사람 잡는다는 설마의 소케이킨입니다. 연구와 교육 분야의 국제 기준으로 보면 이렇게 되는 것입니다. 그럼 올해부터는 소케이킨이라는 서열의 "틀" 어떠세요? 뭐? "그건 아니지!" 예요? 네, 맞습니다. 알고 있습니다. 소케이킨은 차치하고, 일본은 어감이 좋다는 이유만으로 대학 서열의 "틀"에 의존하고 있지 않습니까? 이런 거 바깥 세상에서 보면 통용될 리가 없지 않습니까? 2017년. 이제 이런 대학계의 상식을 슬슬 재검토해야 할 시기라고 생각하지 않

早慶近

旧帝大、早慶上理、MARCH、日東駒専、関関同立、産近甲龍。いきなりですけど、こんな大学の"くくり"一度は聞いたことありますよね?他にもイカツイ感じの"大東亜帝国"とか、ちょいと粋なところで、"関東上流江戸桜"なんてのもあります。なかなかのネーミングセンス!でも冷静に見ると滑稽な感じがしませんか?旧帝大とか「いつの時代やねん!」って、そろそろ誰かがツッコミ入れても、ええんちゃいますの?とはいえ、これが受験生の大学選びで、物凄く影響力を持っているのも事実。じゃあ、世界ではどうか。最新の「THE世界大学ランキング」で、一定以上の評価をされた日本の私立総合大学を頭文字でくくってみると、まさかの"早慶近"。研究・教育の国際基準ではこうなってるんです。じゃあ今年からはもう、"早慶近"でどうですか?え?「それは無いやろ。」って?はい、分かって言ってます。でもね、

"早慶近"はさておき、日本は依存してませんか?こんなわけがない。2017年。そんなてもいいい頃じゃないですか。さすがに"早慶近"て。言いだした自分でもアホくさくて、笑てまうわ。

語呂が良いだけの大学の"くくり"に、もん世界から見たら、通用する大学界の常識、そろそろ見直し私たちも、皆さんも。でも、

みなさまに
早々に慶びが近づきますように

※英国の教育情報誌、タイムズ・ハイヤー・エデュケーションが発表した「世界大学ランキング2016-2017」で800位以内にランクインした私立総合大学は慶應義塾大学、近畿大学、早稲田大学の3校。私立大学としてはその他に、豊田工業大学、東京慈恵会医科大学、順天堂大学、東京理科大学がランクインしています。

1月3日から一般入試(前期)出願受付開始 [医学部は受付中です。]

近畿大学
KINDAI UNIVERSITY

国際学部/法学部/経済学部/経営学部/理工学部/建築学部/薬学部/文芸学部/総合社会学部/農学部/医学部/生物理工学部/工学部/産業理工学部/短期大学部
〒577-8502 大阪府東大阪市小若江3-4-1 www.kindai.ac.jp

지知와 땀과 눈물의
긴키대학류 커뮤니케이션 전략

으세요? 저희도 또한 여러분도요. 하지만 역시 소케이킨이라는 말을 꺼낸 저 자신도 우스꽝스러워 피식 웃고 맙니다.'

전하고 싶은 것을 문장으로 표현하니 이렇게 길어졌습니다. 그러나 내용을 읽어 주시기 바라는 마음으로 '소케이킨'을 특히 눈에 띄게 디자인해 단골인 긴키대학 참치의 노출은 살짝 억제했습니다.

긴키대학은 이미 6년 전에 지원자 수 전국 1위를 달성한 데다가 대학의 서열을 깨부수겠다는 기세등등한 선언도 했던 참이라 세간에서는 간간도리츠 그룹에 끼어들 기회만 노린다고 생각하는 것 같았습니다. 그것을 알면서도 그곳을 단숨에 뛰어넘어 긴키대학이 소케이와 같은 서열의 새로운 틀을 형성하는 것인 양 맹점을 찌르는 장치로써 긴키대학의 진의를 알고 싶어하도록 만들었습니다. 그리고 긴키대학답게 말을 꺼낸 자신도 우스꽝스러워 피식 웃고 만다는, 스스로 장단을 맞추면서 어감이 좋다는 이유만으로 대학 서열의 틀이 만연하는 대학계의 상식에 의문을 가져 주기를 바라는

01. 문제는 올바르게
제기할 때 해결된다

마음도 담았습니다.

'장난치지 마!' '우선은 간"킨"도리츠(関"近"同立)를 목표로 해야 한다'는 등 많은 비판의 소리도 들었지만 인터넷에서는 의외로 반응이 좋았습니다. 뒤집어 보면 충격적인 광고로 인해 긴키대학의 메시지가 더 많은 사람에게 전해졌습니다.

물론 이 광고에는 무경쟁 상태가 계속되는 일본의 대학계 전체와 위기감을 공유하려는 의도도 있었습니다. 생각해 보면 자동차 업체든 전자 업체든 어떤 업계를 막론하고 글로벌 기업이라면 처음에는 국내에서 선의의 경쟁을 하다가 세계를 대상으로 조직과 기술을 연마해 갑니다. 그러나 현 상태로서의 일본 대학계는 세계 속의 대학들과 경쟁할 수 없습니다. 그 점을 깨닫는 계기로 삼고 싶었습니다.

전국 1위가 아니면 의미가 없다

2007년 긴키대학으로 이직할 당시 저에게 주

지知와 땀과 눈물의
긴키대학류 커뮤니케이션 전략

어진 미션은 대입 지원자 수를 늘리는 것이었습니다. 앞에서도 간단히 말씀드렸지만 당시 이사장이셨던 부친으로부터 '지원자 수를 한 명이라도 줄이는 날에는 해고다'라는 통보도 받았기 때문에 처음에는 늘리기보다는 줄이지만 말자는 것을 염두에 두었습니다.

그러나 그것만으로는 상황이 점점 더 악화될 뿐이었습니다. 18세 인구의 감소와 더불어 대학계를 둘러싼 어려운 상황을 알게 되면서 좀 더 높은 목표를 설정하지 않으면 안 되었습니다. 2008년도 지원자 수는 리츠메이칸대학이 9만 5천 명, 간사이대학이 9만 3천 명, 그 뒤를 이어 간사이권 3위로 7만 1천 명 정도였습니다. 전국적으로 보면, 1위 와세다대학 12만 5천 명, 2위 메이지대학이 10만 명, 긴키대학은 9위였습니다. 우선 리츠메이칸대학과 간사이대학을 제치고 간사이권 1위를 목표로 도전했습니다.

'숫자만 따져서 뭐하냐?'는 비판의 소리도 들었지만, 더 많은 지원자 중에서 합격자를 뽑는다

01. 문제는 올바르게
제기할 때 해결된다

면 입학생들의 질이 높아질 뿐만 아니라 장래에는 대학의 등급도 올라가리라 생각했던 것입니다.

이 목표를 향해 상식에 얽매이지 않는 광고와 뉴스 릴리스를 고집한 결과 대학의 지명도와 지원자 수는 조금씩 올라갔습니다. 2013년도 입시에서 9만 8천 명의 수험생이 몰려 8만 명 대에 그친 간사이대학과 리츠메이칸대학을 제치고 드디어 간사이권 1위 자리를 차지하게 되었습니다. 전국적으로도 메이지대학과 와세다대학의 뒤를 이은 3위였습니다.

저희로서는 엄청난 쾌거였기 때문에 당연히 뉴스 릴리스를 통해 언론으로 발신했지만 아무런 반응도 없었습니다. 대학계와 입시업계에서는 놀라움을 감추지 못하는 눈치였지만 일반 뉴스에서는 거론조차 되지 않았으며, 사회적으로도 가타부타 어떤 평가도 나오지 않았습니다. '꽝이다!'라는 표현이 바로 이런 게 아닐까 싶었습니다.

그렇다고 포기할 수는 없습니다. 이번에는 이듬해 2014년도의 목표 설정을 전국 1위로 전환했

지知와 땀과 눈물의
긴키대학류 커뮤니케이션 전략

습니다. 저 역시 단지 지원자 수만 많다고 좋을 거라는 생각은 하지 않습니다. 간사이 지역에 위치하는 긴키대학이 어떤 식으로든 와세다대학과 메이지대학을 누르고 전국 1위가 된다면 누구나 놀랄 것이고, 또 빅 뉴스로 회자될 수밖에 없다고 생각했기 때문입니다. 더구나 지역별 인구 분포의 특징도 있어, 지금까지 수도권 이외의 대학이 전국 1위가 된 적은 한 번도 없었습니다.

저희는 긴키대학의 지명도를 높이는 뉴스 릴리스를 더 많이 지속적으로 발신했습니다. '고정개념을, 깨부수다!'는 광고는 입시생 모집 기간과 정확히 맞물려 어느 정도의 상승 효과가 있었을 겁니다. 결국, 10만 5천 명을 모집해 대입 지원자 수 전국 1위가 될 수 있었습니다. 2위인 메이지대학과의 차이는 겨우 300명 정도였습니다.

예상했던 대로 전국 1위라는 사실이 신문과 TV 등에서 크게 보도되었습니다. 지방 대학이 지원자 수로 전국 1위라는 것은 그 자체만으로도 충격적인 일이었습니다.

01. 문제는 올바르게
제기할 때 해결된다

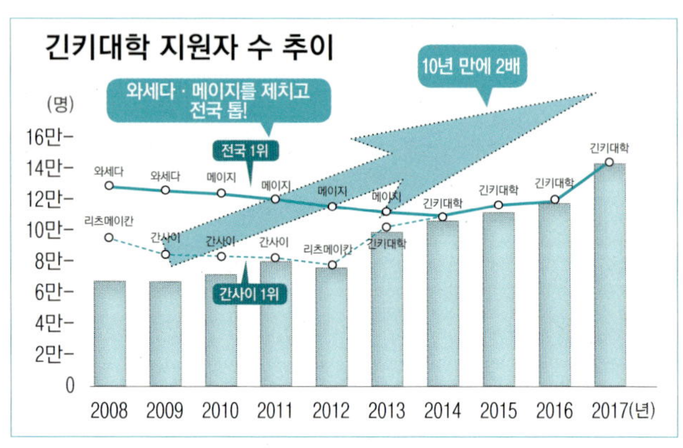

보도에서는 '참치 효과'라는 표현을 많이 합니다. 참다랑어 완전 양식을 연구해 온 농학부 수산학과의 정원은 불과 120명 정도로 대학 전체 총 입학생 정원 8천 명에 비하면 얼마 안 되는 숫자인데도 꼭 긴키대학의 상승세는 참치 덕분이라는 표현을 곧잘 씁니다. 그래도 이것만으로도 고마운 일입니다. 어쩌면 '교육과 연구를 충실히 실천하여 우수한 인재를 배출한다'는 호소만으로는 매스컴에서 기사화 하지 않을 것이기 때문입니다.

한편으로는, '참치만으로 지원자 수 전국 1위

지知와 땀과 눈물의
긴키대학류 커뮤니케이션 전략

가 될 수 없다'는 참뜻을 알아주는 매스컴도 나타났습니다. 게다가 '지원자 수 전국 1위가 된 긴키대학의 수수께끼를 풀다'라는 주제로 비즈니스 잡지 등에서도 다루기 시작했습니다. 거기서는 저희가 처음부터 가장 어필하고 싶었던 산학 제휴 관련 연구나 특허 출원 건수가 간사이 지역 사립대학 중에서 최고라는 사실이 잇달아 거론되기 시작했습니다.

이후에도 긴키대학 대입 지원자 수는 2017년도 입시까지 4년 연속 전국 1위를 지켜, 결코 일과성이 아님을 증명할 수 있었습니다. 특히 2017년도는 14만 6천 명이 지원해 전년대비 2만여 명이 늘어났습니다. 뒤를 이은 호세이대학 11만 9천 명의 2위와 큰 격차를 보였습니다.

하지만 저희는 아직 성공한 것이 아닙니다. 성공을 향해 혼신의 힘을 다해 분투하는 중입니다. 일본의 대학 서열이라는 철벽을 무너뜨리기에는 아직 엄청난 노력이 필요하다는 것을 잘 알고 있기 때문입니다.

01. 문제는 올바르게
제기할 때 해결된다

저희의 노력이 평가를 받는다고 한다면, 그것
은 기업의 눈높이에서 대학의 홍보가 상식을 뛰어
넘고, 찬반양론 속에서도 주눅 들지 않고 끊임없
이 노력하고 도전하는 자세가 아닐까 싶습니다.

지知와 땀과 눈물의
긴키대학류 커뮤니케이션 전략

02

누구를 위한 일인지
항상 생각하라

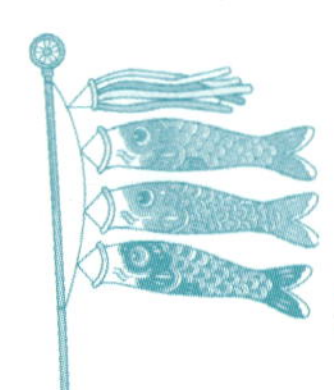

2장

누구를 위한 일인지 항상 생각하라

세코(世耕) 집안의 가정 환경

긴키대학의 대입 지원자 수를 늘리기 위해 어떤 커뮤니케이션 전략을 구상해 왔는지 소개했습니다. 저는 중학교에서 대학교까지 내부 진학이 가능한 학교에 다녔기 때문에 입시 경험이 없습니다.

대학을 선택할 필요도 없었으며 수험생으로서

입시 공부를 한 적도 없습니다. 대학 입시에 대한 지식이 전혀 없는 사람입니다. 이직 당시, '세코 씨 때는 공통 1차 시험, 아니면 센터시험[1] 어느 쪽이었습니까?'라는 질문을 받았지만 무슨 말인지조차 몰랐습니다.

그러나 입시 경험이 없는 직원이 대입 지원자 모집의 책임자가 된 것은 매우 다행스러운 일이었다고 생각합니다. 입시 제도에 대한 선입견이 없었기 때문에 신인의 자세로 개혁에 착수할 수 있었던 것 같습니다. 여기서 잠깐 저의 사적인 이야기를 하겠습니다.

저는 1969년 나라현(奈良県)에서 태어났습니다. 긴키대학교 창립자인 세코 코이치(世耕 弘一) 초대 총장(이사장 겸임)은 저의 조부입니다. 3대 이사장인 히로아키(弘昭) 총장은 부친이며, 4대 이사장 히로시

---

1 역주: 독립행정법인 대학입시센터에 의해 매년 1월 13일 이후 첫 토요일과 일요일 이틀에 걸쳐 시행되는 일본 대학의 공통 입학 시험으로 한국의 수능과 비슷한 입시 제도.

게(弘成) 현 경제산업부 장관은 7살 위인 형입니다.

저의 가정 환경은 독특했습니다. 아이는 아버지에게 꼭 존댓말을 써야 합니다.[2] 가족 여행을 할 때도 부모님은 신칸센 특실을 타지만 아이들은 보통실을 타야 했습니다. 그리고 부자간이나 형제간에서도 '장유유서'는 철칙이었습니다. 식탁에서 아버지와 형은 언제나 정치나 경제와 같은 어려운 주제를 놓고 토론하셨습니다. 저는 두 사람의 대화에 끼어들 처지도 아니었지만, 두 분의 모습을 보면서 자연히 존경심이 생겨났습니다.

부친과 캐치볼을 한 기억이 생생합니다. 여느 가정의 부자가 하는 평범한 캐치볼이 아닙니다. 미트와 마스크 그리고 프로텍터 등 포수 도구 셋트를 건네받아 아버지가 던지는 볼을 오로지 받기만 하는 것입니다. 돌이켜 생각해 보면 투수를 떠받치는 포수의 역할, 즉 조직을 뒷받침하는 숨은 공

---

2 **역주**: 일본의 일반 가정에서는 부모와 조부모에게 존댓말을 쓰지 않는다.

지知와 땀과 눈물의
긴키대학류 커뮤니케이션 전략

02. 누구를 위한 일인지
항상 생각하라

로자의 정신을 철저하게 가르치고 계셨던 것 같습
니다.

긴키대학에서 일하게 되었을 때 부친께서는
'형을 세워라. 그렇게 키워 왔다'고 하시면서 새삼
스럽게 다짐을 받았습니다. 부친도 조부와 2대 총
장이셨던 백부 마사타카(政隆)를 모셨지만, 학내에
서 비주류인 통신교육부 책임자로 임명받아 전단
지를 돌리면서 학생 모집에 분투해야 하는 밑바닥
경험을 하셨다고 합니다.

백부가 타계하신 후 66세에 3대 이사장에 취
임하신 부친께서는 저에게도 '제도(弟道)'라는 것
을 물려주셨는지 모르겠습니다. 어렸을 때는 형과
의 사이에 엄격히 지켜야 하는 규율에 불만도 있
었지만, 덕분에 한 직장에서 형을 상사로 모시고
형에게 존댓말을 써야 하는 상황이 되어도 위화감
은 전혀 없었습니다.

이러한 환경이었기 때문에 긴키대학에 대해서
는 어릴 때부터 일상 속에서 들어 알고 있었습니
다. 그러나 '세코'라는 희귀한 성씨 탓에 긴키대학

지知와 땀과 눈물의
긴키대학류 커뮤니케이션 전략

계열교에 들어가면 손자인지 아들인지가 금방 알려지기 때문에 진학교의 대상에서 제외되었습니다.

모친은 제가 초등학생 때 수업 참관을 오셔서 침착하지 못하고 의자에 앉아서도 앞뒤로 흔들다가 그 기세로 뒤로 콰당 넘어지는 제 모습을 보시고는 '이 아이는 입학 시험이 있는 환경에는 맞지 않다'고 생각하셨다고 합니다. 그래서 저는 중학교에서 대학교까지 에스컬레이터식으로 올라가는 도시샤(同志社) 계열교로 진학하게 되었습니다.

도시샤대학에 진학할 때는 아니나 다를까 부친으로부터 '같은 간사이 지방 사립대학에 갈 거면 긴키대학으로 진학하라'는 말씀을 들었습니다. 그러나 입시와는 무관한 고등학교 생활을 보낸 저로서는 긴키대학의 아카혼(赤本)[3]을 펼쳐 봐도 뭐가 뭔지 알 도리가 없었습니다. 할 수 없이 아버지께 '시험을 봐도 떨어질 게 뻔하다'고 솔직하게 고백했

----

3 역주: 교학사가 발행하고 있는 대학·학부별 대학 입시 과거 문제집.

02. 누구를 위한 일인지
항상 생각하라

습니다.

에스컬레이터식이라고 해도 고등학교 성적이 좋지 않았던 제가 들어갈 수 있었던 학과는 한정되어 있었기 때문에 성적에 맞춰 입학했습니다. 지금으로선 긴키대학이 아닌 다른 대학을 경험할 수 있었던 좋은 기회였다고 생각합니다. 그런 사람이 고등학생들을 대학으로 오게 하는 일을 하니 대입이나 대학계에 대한 선입관이 있을 리 만무하지 않습니까.

긴테츠(近鉄)에서 배운 사회부 기자와의 교제

취업 활동에서도 세코라는 이름 때문에라도 긴키대학을 직장으로 잡을 생각은 없었습니다. 학창 시절에 호텔에서 일하는 사람을 동경한 적도 있어서 1992년에 그룹 산하에 호텔 사업이 있는 긴테츠에 취직했습니다. 긴테츠 근무 시절의 전반은 희망대로 호텔 부문에 배치되어 객실 안내를 하

지知와 땀과 눈물의
긴키대학류 커뮤니케이션 전략

고 프런트를 담당하는 등 현장에서 오래 일했습니다. 계열 회사인 미국 호텔 근무를 거쳐 2000년부터는 비서홍보부로 이동되어 홍보를 담당하게 되었습니다.

홍보 담당으로서는 새로운 전철의 기획이나 이벤트와 같은 정보를 발신하는 마케팅 업무를 비롯하여 IR(투자가들에 대한 정보 제공)·HP(홈페이지) 관리·문화 사업·사내지·민원 내응 등 다양한 일을 했습니다.

그중에서도 홍보 지식의 기초가 된 것은 철도 사고나 트러블 등에 대응하는 위기관리 홍보였습니다. 긴테츠는 철도 노선이 500km나 되기 때문에 좋은 이야기는 아니지만 일주일에 한 번 꼴로 사고가 발생합니다. 철도회사로서는 불가항력적인 부분도 없지는 않지만 안타깝게도 일상적인 사건입니다. 365일, 24시간, 막상 무슨 일이 생기면 회사로 달려가야 하는 나날을 보냈습니다.

신문이나 TV 사회부 기자들과의 친밀한 교제는 절대적으로 필요했습니다. 2015년 효고현(兵庫

県) 아마가사키시(尼崎市)에서 일어난 JR니시니혼
(西日本)의 열차 탈선 사고가 발생한 후로 철도회
사에 대한 세간의 인식이 무척 냉엄해졌습니다. 사
고나 문제가 생기면 심야든 새벽이든 시간에 상관
없이 억지가 센 사회부 기자로부터 '빨리 정보를
내라'는 추궁에 시달려야 했습니다. 상황에 따라서
는 후속 열차가 지연하여 몇 만 단위의 피해자가
생기기도 합니다. 석간이나 조간의 원고 마감 시간
이 다가오면 사고 기사를 쓰기 위해 피해자 숫자가
제대로 파악되지 않은 상태인데도 불구하고 구체
적인 숫자를 밝히라는 억지를 부리곤 합니다.

이것이 일반적인 기업의 홍보 담당이라면 일상
적인 교제는 경제부 기자와 하지만, 불상사가 생겼
을 때만 사회부 기자와 대면하게 됩니다. 철도회사
는 이러한 사정에서 특수하다고 볼 수 있습니다.
사고 뉴스뿐만 아니라 상품 개발 등 마케팅 홍보
에 관한 기사도 사회부 기자가 쓰기 때문에 아주
친밀한 관계를 가지게 되는 것입니다.

이런 경험을 통해 마감 시간과 같은 미디어 측

지知와 땀과 눈물의
긴키대학류 커뮤니케이션 전략

의 사정을 알고부터는 가능한 한 제시간에 맞춰 정확한 정보를 내는 일이 얼마나 중요한 일인지를 생각하게 되었습니다. 매스컴에 종사하는 사람들이 어떻게 행동하고, 어떤 의식으로 기사를 쓰며, 어떤 기삿거리를 뉴스로 취급하는지 가까이서 보고 느낀 것이 지금 하는 일에 많은 도움이 되고 있습니다.

위기관리 홍보는 사고 내응으로만 그치는 것이 아닙니다. 최근에는 JR이나 사철(私鉄)이 발행하는 교통 IC카드 자동 개찰구가 늘어났지만 프로그래밍 실수로 요금 과징 등이 발각되면 그때마다 사과 기자회견을 열지 않으면 안 됩니다.

이러한 불상사를 발표하는 자리에서 홍보과는 두 회사의 중간 입장에 서야하는 존재라는 것을 통감하게 됩니다. 여기서 잘못 대응하면 그때까지 아군이었던 매스컴이 적군으로 돌아서는 경우도 생깁니다. 더욱이 보도된 내용이 트위트나 페이스북과 같은 SNS로 퍼지면 기업의 브랜드 이미지는 순식간에 실추되어, 기업의 좋은 뉴스마저도 거론되지 않게 됩니다. 불상사의 경우, 어떤 식으로든 담당 부서는 '거기까지 밝힐 필요가 있을까' 하는 심정으로 정보를 내기 꺼려하지만, 홍보는 세간이 회사를 어떻게 보는가를 먼저 생각해야 합니다. 불편한 정보일수록 은폐해서는 안 된다고 생각합니다. 만약 시간이 지나 은폐 사실이 발각되면 치명적인 대미지로 연결되기 때문입니다. 이런 관점에서 필요한 정보는 공표하도록 설득하는 습관이 몸에 배었습니다.

또 긴테츠 근무 시절에는 브랜드 이미지의 중요성에 대해서도 생각하게 되었습니다. 같은 간사이 지역 철도회사인 한큐전철(阪急電鉄)(한큐한신 홀딩스 Holdings)이 무척 신경쓰였습니다. 노선 거리는 긴테츠의 절반 정도 규모이며, 매상 또한 긴테츠보다 낮은데도 불구하고 간사이 지역 민간사철 톱 브랜드라는 느낌은 한큐 쪽에 있었습니다. 아리카와 히로(有川 浩)의 "한큐전철"이라는 소설이 화제가 되더니 급기야 영화로도 개봉했습니다. 가령 긴테츠 차량을 아무리 멋있는 디자인으로 바꾼다고 해도 한큐의 이미지를 따라잡기는 좀처럼 어렵다고 할 수 있습니다.

한편 프로 야구를 보더라도, 과거 오사카 긴테츠 버펄로스(Buffaloes)는 같은 간사이 홈 구단인 한신 타이거스(Tigers)의 브랜드 이미지를 따라잡지 못했으며, 언론에서도 차원을 다르게 보도하는 통에 비애를 느꼈습니다. 철도회사의 이러한 브랜드 이미지는 백화점이나 호텔 사업에도 영향을 끼치게 됩니다. '딱히 뭐라고 하긴 어렵지만 뭔가 좀 더 나은 느낌'이라는 브랜드 이미지가 지명도는 물론 모객에도 파급 효과가 있습니다. 동시에 한큐나 타이거스에는 이만한 돈을 지불하지만 긴테츠에는 이 정도밖에 지불할 수 없다는, '단가 덤핑'의 가능성을 의식하지 않을 수 없었습니다.

또 하나는, 긴테츠에서 HP를 담당한 일도 귀중한 경험이었습니다. 수십 년 전의 일이지만, 당시 JR니시니혼이 운행 정보 HP 게재를 계획하고 있을 때, 저는 긴테츠가 먼저 해야겠다고 생각했습니다. 이미 휴대전화 보급이 활발해진 터여서 전철 운행 중지 등으로 차질을 빚으면 전철 안에서 회사로 '도대체 언제 움직이냐?'며 불평불만의 전화가 빗발쳤습니다. 왜 이렇게까지 화를 낼까 싶었는데, 그것은 아무런 정보가 없었기 때문에 짜증이 나서 그 감정의 배출구로 전화를 걸어온다는 것을 알게 되었습니다. 갈라파고스 휴대폰이라도 인터넷에 접속하면 정보를 알 수 있는 즈음이었기 때문에, 그렇다면 현재 상황을 인터넷에 공개하면 좋지 않을까 생각했습니다.

그래서 회사에 그 안을 제안했습니다. 그러자 철도사업부 임원진이 저를 불러 '전철이 지연되는 일은 이유 여하를 막론하고 철도회사의 수치다. 너는 온 세상에 회사의 수치를 퍼뜨릴 작정이냐'며 매우 노하셨습니다. 태풍이나 인사 사고로 전철이 지연되는 일은 어떤 의미로는 불가항력적인 부분도 없지는 않습니다. 다만, 그 임원은 철도사업의 프로 중의 프로였기 때문에 지연은 바로 수치라고 자기 자신의 일처럼 생각했던 것이겠지요. 그 당시에는 주위의 사람들조차도 '그건 세코 생각이 이상하다'고 했지만, 지금은 운행 정보를 인터넷에 올리지 않는 회사가 어디 있습니까?

상식 안에서 새로운 상식이 나온다기보다는 바로 얼마 전까지 비상식이라고 생각했던 것이 순간적으로 바뀌는 경우가 있음을 알게 되었습니다. 최근에는 그 속도가 예전보다 훨씬 더 빨라졌음을 실감합니다.

저는 이 성험으로 인해 수위에서 강요하는 고정관념이 정말 2년 후에도 그대로 존재할지 어떨지를 생각하게 되었습니다. 그래서 현재 대학계의 상식도 언젠가는 사라질 거라고 생각합니다. 상식을 깨부수는 저희의 일이 얼마 지나지 않아 보편화될 승산이 크지 않을까 싶습니다.

그러고 보면, 7년 반 정도 철도 광고를 담당한 경험이 얼마나 유익한 일인지 모르겠습니다.

'세코'니까 거절할 수 없겠지

제가 처음부터 긴키대학을 진학이나 취업의 대상으로 생각하지 않았다는 것은 앞에서 말씀드렸습니다. 긴키대학으로 이직을 결심하게 된 동기는 2007년 가을에 대학 관계자로부터 의뢰를 받았기 때문입니다. 그분과는 가끔 식사를 같이하곤 했는데 만날 때마다 농담 반 진담 반으로 '언제 긴키대학으로 오냐?'고 하셨습니다. 그런데 그날은 여느 때와 달랐습니다. 입시 홍보 담당 베테랑이 정년을 맞아 후임으로 홍보를 담당할 프로를 찾고 있다는 사정을 알게 되었습니다.

당시 긴테츠에서 비서홍보부 홍보담당과장으로 일하고 있었지만, 버블 붕괴 후의 뒤처리 시기와 맞물려 호텔이나 유원지, 골프장 그리고 극장 폐쇄와 그에 따른 인원 감축 등 구조조정 발표가 잇따랐으며, 그에 따른 기업의 이미지 다운을 최소화하는 것이 과제였습니다. 특히 2004년 오사카 긴테츠 버펄로스(Buffaloes)와 오릭스 블루 웨이브

(Orix Blue Wave)와의 구단 통합은 사회적으로 큰 물의를 일으켜 일반신문이나 스포츠신문, 그리고 TV 등을 연루시킨 홍보적 아수라장을 경험했습니다.

자회사와 사업 부문을 정리하거나 시설을 폐쇄하는 기자회견 발표가 끊이질 않았으며 대과 없이 기자회견이 끝난다 하더라도 회사로서는 소극적인 회견이었던 만큼 진정 후련한 기분은 아니었습니다. 이래저래 정신적으로 힘든 시기였습니다.

긴키대학으로 헤드 헌팅된 것은 마침 오사카 아베노(阿倍野)에 초고층 빌딩(현·아베노하루카스) 건설을 발표하는 기자회견을 총지휘한 직후였습니다. 긴테츠로서는 오랜만의 빅 프로젝트를 발표하는 '공격적인 홍보'를 경험할 수 있었던 것도 심정적으로 일단락 지어져 이직을 구체적으로 생각할 수 있었습니다.

마음을 움직이게 된 결정적인 말은 '세코라는 이름을 업고 있는 이상 거절할 수 없겠지. 적당히 이쯤에서 각오하지 그래'였습니다 '세코'라는 보기 드문 성씨가 진학과 진로를 막는 이유가 되었지만,

결국에는 이 성씨가 이직의 결정적 계기가 되었습
니다.

저의 입사가 결정났을 때 3대 이사장이셨던 부
친께서는 '성적이 숫자로 확실하게 나타나는 부서
에서 일하게 하라'고 지시하셨다고 합니다. 정점을
찍었던 총 지원자 수가 12만 명 정도에서 7만 명
정도로 거의 반토막이 난 시기였기 때문에 위기감
이 절정에 달하셨던 것 같습니다. 이런 연유로 저
는 2007년 12월에 입시센터의 입시홍보과장으로
임명받았습니다.

청빈을 관철한 창립자

이 기회에 다시 긴키대학과 창립자를 소개하
도록 하겠습니다. 긴키대학은 1925년에 창립한 오
사카전문학교와 1943년에 창립한 오사카이공과대
학을 모체로 1949년 신학제로 인해 창립된 사립종
합대학입니다. 법인 본부는 히가시오사카캠퍼스에
두고 있으며, 초창기에는 이공학부와 상학부(현·

지知와 땀과 눈물의
긴키대학류 커뮤니케이션 전략

경제학부와 경영학부)로 출발했습니다. 현재는 의학에서 예술까지 14개 학부와 48개 학과로 구성되어 있으며, 그중 8개 학부가 이과계열입니다. 그리고 일본 내 사립대학으로서는 유일하게 의학부와 농학부를 갖추고 있는 것이 특징입니다. 창립자로 이사장을 겸임하셨던 초대 '총장'이 조부 세코 코이치(1893~1965)입니다. 와카야마현 산골 마을의 가난한 농부의 아들로 태어난 할아버지는 경제적인 이유로 중학교에도 진학할 수 없었다고 합니다. 배움의 열정과 향학의 꿈을 놓지 않은 채 와카야마현 신구시(新宮市)의 어느 목재상에 견습 점원이 되어 일을 배우게 되셨다고 합니다. 총명하고 근면한데다 남에게 지기 싫어하는 성격도 한몫해 서서히 두각을 나타내자 도쿄의 대형목재상에서 스카우트 했다고 합니다.

나중에 만주(현·중국 동북부)로 건너가서 목재 매매로 성공하셨지만, 그 후로는 직업을 전전하다가 다시 도쿄로 돌아오셨습니다. 도쿄에서는 간다(神田)에 있는 야간 영어학교에 다니면서 낮에

는 인력거꾼으로 일하셨습니다. 반 친구들과는 10
살 이상의 나이 차가 있었지만, 필사적으로 공부
한 결과 5년 과정을 2년 만에 끝냈다고 합니다. 니
혼대학(日本大学)에 진학했을 때의 나이는 이미 27
세였습니다.

졸업 후에는 아사히(朝日)신문사에 취직하셨지
만, 조부의 재능과 의지를 주목하고 있던 니혼대
학의 추천으로 1923년 독일 베를린대학에서 유학
할 수 있는 길이 열렸습니다. 거기서 제1차 세계대
전에서 참패한 독일의 참상을 목격하셨습니다. 거
액의 배상금이 부과되고, 경제는 혼란에 빠지고,
식량은 부족하고, 독일 국민들은 먹을 것조차 만
족스럽지 못한 상황이었다고 합니다.

1927년 약 5년에 걸친 유학생활을 마치고 돌
아오는 조부를 기다린 것은 불황의 늪에 빠져 실
업자로 넘쳐나는 일본이었습니다. 귀국 후 니혼대
학의 교수가 된 조부께서는 '국민을 굶주리지 않게
한다' '비참한 전쟁을 피한다'를 기본 방침으로 국
회의원 선거에 출마하셨습니다. 선거는 만만찮은

것이 아니어서 3번째 도전인 1932년에 초선의원이 된 이후 8선 국회의원을 지내셨습니다. 2차 대전 전 태평양 전쟁으로 치닫는 도조 히데키(東条 英樹) 내각의 통제 경제를 신랄하게 비판한 반골의 정치가로 알려진 분입니다.

전후에 내무정부차관으로서 착수한 일은 일본군이 정계로 빼돌려 폐광에 숨겨둔 물자를 적발하는 것이었습니다. 당시 패전국 일본은 심각한 식량 부족난 가운데 나라의 배급량이 턱없이 모자라는 실정이었다고 합니다. 조부는 철·석탄·휘발유·쌀·밀가루·사탕·모포·다이아몬드 등 일본군이 비축해 둔 방대한 물자의 일부가 사회적인 혼란을 틈타 부정하게 반출되는 것에 착안하셨습니다.

그 액수는 공정 가격으로 약 500억 엔, 현재의 화폐 가치로는 실로 40조 엔이 넘는 거액이었습니다. 은폐 물자를 몰수해 시장으로 내보내면 물자 부족이 해소되고 인플레이션도 잡을 수 있다고 생각하셨던 것입니다. 당시 이시바시 탄잔(石橋 湛山) 재무장관으로부터 전권을 위임받은 조부는 악

지知와 땀과 눈물의
긴키대학류 커뮤니케이션 전략

덕업자와 부정에 가담한 관리들의 저항에 맞서면
서 때로는 목숨까지 위협받는 상황에 처하면서도
담담하게 물자를 몰수했다고 합니다. 그런 조부를
보고 세간에서는 '세상을 바로잡는 세코'라고 불렀
다고 합니다.

그 조부께서 1949년 신설대학제도의 발족과
동시에 창립한 것이 긴키대학입니다. 교육자로서
의 조부는 '배우고자 하는 이들에게는 배울 수 있
도록 하겠다'는 강한 의지를 갖고 계셨습니다. 경
제적인 이유로 당신께서는 중학교 진학마저 포기
해야 했던 안타까움을 잊지 않으셨던 것입니다.
그런 배경이 있었기에 긴키대학은 엘리트 양성 대
학이 아닌 대중대학을 표방하고 있습니다.

당연히 자금난에 허덕이는 학교 운영이었지만
그 정신이 긴키대학의 벤처정신으로 이어지고 있
습니다. 그래서 긴키대학은 교육과 연구의 성과를
산업에 직결시키는 실학 정신을 중요시하는 일본
대학의 선구적 존재라고 자부할 수 있습니다.

조부는 제가 태어나기 4년 전에 타계하셨기 때

문에 직접적인 추억은 없습니다. 그러나 부친께서 일이 있을 때마다 조부의 말씀을 하셨기 때문에 항상 친근하게 느끼고 있었습니다. 부친은 조부가 돌아가신 후에도 전화번호의 명의를 바꾸려고 하지 않으셨습니다. 이유인즉, '유일하게 물려받은 것이니까'였습니다. 실제로 조부 세코 코이치 명의의 부동산은 하나도 없었으며, 도쿄·이케부쿠로(池袋)에 살고 계셨던 검소한 단층 자택도 전세였다고 합니다. 30년 이상을 국회의원으로 지내고, 경제기획원 장관까지 역임한 긴키대학 창립자는 돈을 모으는 일과는 인연을 만들지 않으셨던 것입니다.

히가시오사카캠퍼스 서쪽 정문을 들어서면 조부의 동상이 세워져 있습니다. 전력을 다해 일하지 않으면 동상의 얼굴이 화를 내는 것처럼 보이는 것은 저만의 착각인지도 모르겠습니다. 긴키대학으로 이직한 직후에는 동상 앞을 지날 때마다 두려웠던 일을 기억하고 있습니다.

지知와 땀과 눈물의
긴키대학류 커뮤니케이션 전략

홍보와 광고의 다른 점

돌이켜보아도 이직 후의 첫 부서가 입시홍보부였던 것은 무척 다행스러운 일이었습니다. 다만 전 직장과는 완전히 다른 미지의 세계였기 때문에 초기에는 당혹감의 연속이었습니다.

최초의 사례는 사령장에 '입시홍보과장'이라고 쓰여진 것을 보았을 때입니다. 첫인상은 입시 결과 등을 뉴스 릴리스로 발신하는 전문 부대라는 정도의 인식이었습니다. 그런데 뚜껑을 열어 보니 실제 업무는 지원자를 늘리기 위한 선전과 광고, 그리고 영업이었습니다. 이를테면 대학의 '선전 맨'이었던 것입니다.

기업적 감각으로 말하면 홍보 일이 아닙니다. '전 직장의 경험이 도움이 되어 좋겠습니다'라는 말을 자주 들었습니다만 매스컴과 접하는 실제 홍보 업무는 총무부 홍보과라는 별도의 부서에서 담당하고 있었습니다. 처음에는 지원자를 모집하기 위해 고등학교를 방문하거나 전혀 관심을 보이지 않는 고등학생을 대상으로 설명회와 같은 영업 활동이 대부분이었습니다.

나중에 안 것이지만 대학과 같은 아카데믹 세계에서는 학생 모집 담당을 선전·광고·영업이라는 노골적인 표현이 어울리지 않기 때문에 이렇다 할 적당한 표현을 찾지 못해 '홍보'라는 명칭을 사용한다는 것이었습니다. 그래서 많은 대학 관계자들이 아직도 홍보와 광고를 혼동하고 있는 듯합니다.

전 직장의 상사가 저에게 가르쳐준 것은 '홍보는 *Love Me*이고, 광고는 *Buy Me*'였습니다. 이를테면 홍보는 사회에 대하여 회사를 사랑해 주기를 바라는 것이 목적이고, 광고는 소비자에게 상품의 구매 의욕을 직접 환기시키는 것이 목적입니다. 전 직장의 경우, 광고는 비서홍보부와는 별도로 판매 촉진부에서 담당했습니다. 예를 들면, 관광 특급 열차를 준비해 여행객을 모집하려는 포스터는 완전한 광고입니다. 홍보 담당 부서가 만드는 것은 기업의 이념과 같은 것을 알리는 포스터입니다.

기업에서도 이전에는 홍보와 광고 업무를 같

지知와 땀과 눈물의
긴키대학류 커뮤니케이션 전략

은 부서에서 담당했지만, 각각 고도한 전문성이 요구됨에 따라 부서가 나뉘어진 경위가 있습니다. 그러나 최근에는 SNS 등의 활용으로 홍보와 광고의 경계가 사라지는 업무가 등장하면서 '코퍼레이트 커뮤니케이션(corporate communication)실'과 같이 한 부서에서 홍보와 광고 양쪽 모두의 역할을 담당하는 경향도 생겨나고 있습니다.

한편, 교육계를 보면 다른 대학에서도 입시 시즌에 수험생들에게 원서를 내도록 촉구하는 직접적인 내용이 아닌 대학 이념을 어필하는 광고가 눈에 띕니다. 이것은 '홍보'의 발상에서 광고를 만든다고 할 수 있습니다.

긴키대학에서도 이 차이를 잘 이해하지 못하는 것 같았습니다. 저는 이런 대학 특유의 사정을 터득했기 때문에 개인적으로는 전 직장 시절과는 고정관념을 바꿔 일할 수 있었습니다. 다만 조직으로서의 홍보와 광고의 혼동을 정리하기까지는 꽤 많은 시간이 걸려, 2013년 4월이 되어서야 총무부 홍보과와 입학센터 입시홍보과를 합병한 홍보부를 구성할 수 있었습니다. 그리고 저는 홍보부의 책임자로서 홍보와 광고를 총괄하면서 대학의 브랜드 이미지 전략을 포괄적으로 추진할 수 있게 되었습니다.

'확실한 미래…'라는 식의 캐치프레이즈는 금물

입시홍보과장 시절 처음으로 착수한 일은 광고 출고(出稿)의 근본적 개혁이었습니다. 매개체의 '선택과 집중'을 통해 광고 효과를 높이기 위한 전략이었습니다.

당시 긴키대학에서는 입시정보지와 같은 무료 매체지나 신문의 대학 연합 광고에 대부분의 예산을 쓰고 있었습니다. 연합 광고란 많은 대학을 한 면에 모아 출고하는 것입니다. 제가 들어오기 전에는 단독 광고보다 싸고 편하다는 이유로 자주 이용한 것 같았지만 점점 매체수가 늘면서 경쟁이 격화되어 간 것 같습니다.

지知와 땀과 눈물의
긴키대학류 커뮤니케이션 전략

'○○대학도 출고합니다'라는 라이벌 대학과의 경쟁심을 부추기는 세일즈 토크에 대해 충분한 검증도 하지 않은 채 출고량이 늘어 이제는 개개의 매체에서 얼마 정도의 정보가 전해지는지, 어느 정도의 효과가 있는지조차 모르는 상태에 놓여 있었습니다. 왜 굳이 차등도 두지 않고 동등하게 취급하는 곳을 선택하는지 의문스러웠습니다.

그래서 부속고등학교와 협정교의 협력으로 3천 명 정도의 고등학생들에게 설문조사를 실시해 각 매체의 인지도와 활용도를 분석했습니다. 게다가 지금까지 출고한 수험 정보지의 내용을 확인하고 긴키대학의 매력이 전해지고 있는지를 확인했습니다.

그 결과 다른 대학과 비등한 광고의 경우, 한 대학 당 사용되는 공간이 한정되어 있는 관계로, 14개 학부와 48개 학과를 거느리는 종합대학인 긴키대학은 여러 대학 속에 매몰되는 인상을 주고 있다는 것을 알게 되었습니다. 그리고 지면을 단순히 학부와 학과 명칭을 열거하는 데 허비해, 정작 전해야 할 것을 전하지 못한다는 점도 파악했습니다. 인터넷이 보편화된 시대에 연합 광고에서 얻을 정도의 정보는 의미가 없습니다.

저는 이러한 광고를 끊기 시작했습니다. 그 대신 예산은 신문이나 잡지에서도 단독 광고에 중점적으로 배분해 전철 안 광고를 늘렸습니다. 긴키대학 단독으로 광고를 내는 쪽이 대학의 정보를 보다 더 알차게 전할 수 있을 뿐만 아니라, 더 재미있고 더 독특하고 독창적인 광고가 된다면 수험생들에게 전하고 싶은 메시지를 더 효과적으로 발신할 수 있다고 생각했기 때문입니다.

그 후 긴키대학 참치를 사용한 신문 광고 등이 화제가 되어 다른 대학 관계자들로부터 '긴키대학은 돈을 많이 쓰네요'라는 말을 듣게 되었습니다. 실제로는 매체 광고 출고에 필요한 예산은 오히려 줄여갔습니다. 왜냐하면, 그 광고 비용은 학생들이 납부하는 학비로 충당하는 것을 의식했기 때문입니다. 효과 없는 광고는 일절 내지 않겠다는 각오로 임했습니다. 적은 예산이기 때문에 하나하

지知와 땀과 눈물의
긴키대학류 커뮤니케이션 전략

나에 최선을 다해 승부를 내고자 마음 먹었던 것입니다.

광고대리점에 아이디어를 전적으로 위임하여 적당한 광고를 만드는 일은 교원이 수업을 적당히 해치우는 것과 같은 맥락입니다. 물론 프로인 광고대리점의 의견도 좋지만, 긴키대학에서는 담당 스태프가 상당한 시간과 노력을 들여 광고를 검토합니다. 캐치프레이스는 구독섬 위치까지 신중히 음미합니다. 한정된 예산에서 최대한의 효과를 올리고 싶기 때문입니다.

광고비를 삭감했다면, '그렇다면 학비를 조금이라도 내려주면 좋겠다'는 소리가 있는 것도 물론 알고 있습니다. 그러나 훌륭한 캐치프레이즈나 광고로 사회에 임팩트를 부여하는 것이 지금 바로 학생들에게 환원되지는 않지만, 긴키대학의 브랜드를 꾸준히 향상시키다 보면 10년, 20년 후 긴키대학의 가치는 지금보다 높아져 있을 겁니다. 그래서 쓸데없는 광고를 내는 것은 학생들에 대한 배신행위를 의미하는 일이라고 철저하게 교육합니다.

그러나 초기에는 무엇을 지침으로 광고를 만들어야 좋을지 감을 잡지 못했습니다. 취임 초창기에는 타대학의 전철 안 광고 정보를 탐독하듯이 조사했습니다. 그리고 대부분의 내용이 비슷비슷한 것임을 알아차렸습니다.

대학 이념, 깨끗한 캠퍼스, 자랑스러운 학생들을 등장시킨 것이 대부분으로 캐치프레이즈는 '확실한 미래가 여기에 있다' 등이었습니다. 결국, 이 포스터가 말하고 싶은 것이 무엇인가를 면밀히 관찰해 보니 'O월 O일부터 원서 접수' '오픈 캠퍼스 있습니다'라는 것이었습니다.

대학명을 감추면 어느 대학 포스터인지 도통 알 수 없다는 게 솔직한 감상이었습니다. 동시에 긴키대학의 강점을 파악하여 무엇을 어필해야 할지 명확하게 잡아 광고한다면 의외로 승산이 있을 거라고 생각했습니다.

'확실한 미래가…' 라든가 '세계로 비상하는…' 식의 캐치프레이즈는 금물입니다. 대학명을 감춰도 긴키대학 광고라는 것을 금방 알 수 있게 만드

지知와 땀과 눈물의
긴키대학류 커뮤니케이션 전략

는 것이 중요합니다. 그 대신 긴키대학다운 디자인과 프레이즈가 만들어질 때까지 저희 스태프의 신음은 계속되어야 합니다.

가까워진 긴키대학

처음으로 도전한 광고가 2008년 9월의 '긴키대학으로의 지름길입니다'라는 전철 안 포스터입니다. 오사카와 코베(한신간(阪神間))를 연결하는 한신전철과 긴키대학에서 가장 가까운 역이 있는 긴테츠의 상호 노선 연장인 한신남바(阪神なんば)선이 반 년 후에 개통하는 것을 염두에 두어 '긴키대학이 가까워진다'는 것을 한신전철 안 포스터로 호소한 것입니다.

신노선이 개통됨에 따라 고베와 나라가 직통으로 연결됩니다. 긴키대학 히가시오사카캠퍼스까지는 통학 길에 따라서는 15분 정도 단축되지만 무엇보다 지금까지는 환승해야 했던 심리적 거리감이 훨씬 짧아지는 절호의 기회라고 생각했던 것입니

02. 누구를 위한 일인지
항상 생각하라

다. 게다가 리서치로 인해, 신노선 개통 자체에 대해서도 한신과 긴테츠 두 노선 주변에서는 아직 의외로 인지도가 낮다는 사실을 알았기 때문에, 이 광고는 임팩트가 있겠다는 계산이 나왔습니다.

그래서 이왕에 할 바에는 광고 자체를 신문의 기삿거리로 삼자는 생각이 들었습니다. 처음부터 개통 직후에 입학하는 2009년도 입시용 광고라고 생각하면, 상당히 빠른 시기부터 전개할 필요가 있었습니다. 전 직장에서의 경험으로 철도회사가 신노선에 대한 광고를 본격적으로 전개하는 것은 개통 직전이나 직후로 한정되어 있는 점은 알고 있었습니다.

이에 대해 신문이나 TV 등은 수개월 전부터 신노선 특집을 준비해 분위기를 띄웁니다. 그러나 실제로 개통 되어 전철이 달리는 것이 아니기 때문에 기삿거리가 되는 구체적인 움직임은 많지 않습니다. 그래서 신노선이 어필되는 광고를 냄으로써 매스컴에서 다루기 쉬운 화제로 꾸며 회자시키고 싶었습니다.

지知와 땀과 눈물의
긴키대학류 커뮤니케이션 전략

02. 누구를 위한 일인지
항상 생각하라

전철 안 광고를 출시하자, 아직 신노선 개통을 알리는 포스터가 그리 흔하지 않았던 덕분에 신노선 주변을 중심으로 주목을 받게 되었습니다. 어필한 것은 고베와 한신 방면에서 긴키대학으로 편하게 올 수 있게 되었다는 것뿐이었습니다. 긴키대학(近畿大学)과 가까운 길을 의미하는 일본어 치카미치(近道)의 긴(近)을 두 번 반복하여 강조함으로써 긴키대학이 가까워진다는 점에 임팩트를 노렸습니다.

미디어에서 즉각 반응을 보였습니다. 개통 수개월 전부터 편성된 많은 신노선 특집 기사와 프로그램에서 긴키대학이 취재의 대상이 되었으며, 그와 관련해 독특한 광고로 소개되곤 했습니다. 한신전철을 이용하는 승객들밖에 볼 수 없었던 이 광고를 더 많은 사람에게 보여 준 성공적인 사례였습니다.

그 결과, 2009년도 입시에서는 효고현 출신 지원자가 17,238명이나 되어, 전년도 대비 1,500명 정도 늘었습니다.

이직 당시에는 정신적 중압감이 없지는 않았지만, 이처럼 눈에 띄는 성과를 냄으로써 조금은 인정받을 수 있는 계기가 되었다고 생각합니다.

미국 인형 브라이스가 Web 발신

이어서 착수한 것이 2010년 4월에 개설한 종합사회학부 학생을 모집하는 광고였습니다. 남성적이고 방카라대학이라는 이미지가 강한 긴키대학이지만, 그것 또한 18세 인구 감소가 진행되는 현시점에서는 약점일 수밖에 없습니다. 사회학계 신설학부 설립의 숨겨진 목적은 여대생 비율을 높이려는 것이었습니다. 이때 채용된 캐릭터가 미국 여자아이 인형 '브라이스'였습니다.

큰 눈망울이 특징인 브라이스는 1972년 미국에서 제작되어 일본에서도 적잖은 붐이 일어났습니다. 기용하게 된 가장 큰 이유는, 세대에 따라 인지도의 차이가 큰 것이었습니다. 아저씨들이야 모르겠지만, 젊은 여자아이들에게는 지명도가 꽤

높습니다.

브라이스를 단순히 포스터 등의 비주얼로만 쓰지 않고, 개설 전 종합사회학부의 '0기생'으로 입학시켜, 그녀가 블로그에서 아직 존재하지 않는 신설학부의 캠퍼스 라이프를 발신하는 스타일로 어필했습니다. 커리큘럼과 같은 내용을 활자화하면 딱딱한 느낌이 들기 때문에 일반적인 여대생이 일상적인 강의에서 느낀 점이나 장래 희망을 위한 준비를 써내려 가는 식으로 했습니다. 이 또한 신문사와 광고전문지 등에서 회자되어 큰 반향을 불러일으켰습니다.

종합사회학부는 와카야마현에 생물이공학부를 개설한 1993년 이래 17만에 개설된 신설학부이며, 담당 교직원들 사이에서는 '실패는 허용되지 않는다'는 긴장감이 감돌았습니다. 저출산의 영향으로 새로운 학부를 만들기만 하면 학생들이 벌떼처럼 몰려드는 시대는 이미 끝났기 때문에 타대학에서도 신설학부의 학생 모집이 반드시 성공하는 것은 아니었습니다.

학생 모집을 맡은 입시홍보과의 역할은 막중했습니다. 당시 다른 대학에서도 같은 시기에 잇달아 신설학부 개설 계획이 발표되었으며, 모집 활동을 본격적으로 시작하면 비슷한 광고가 각 매체에 흘러넘칠 것이 예상되었습니다. 특징 없는 광고로는 수험생의 관심을 끌지 못할 것이 뻔했기 때문에 어떻게든 '매몰되지 않는 광고'를 만들 필요가 있었습니다.

그러나 단지 돋보이는 것만으로는 수험생들이 꺼려할 수도 있기 때문에 종합사회학부의 특색과 장점을 단도직입적으로 전할 필요가 있었습니다. 가장 먼저 착수한 일은 신설학부 담당 교직원들에게 '어떤 인재로 키우고 싶은지'에 대한 생각을 허심탄회하게 털어놓게 하여, 그것을 메시지로 사용하고자 마음먹었습니다. 그런 과정에서 생겨난 프레이즈가 '사회를 직시하는 역량을 키우다'였습니다. 이를 시각적으로 표현하는 캐릭터로서 브라이스가 안성맞춤이었던 것입니다.

종합사회학부 첫해 지원자는 정원 450명에 대

지知와 땀과 눈물의
긴키대학류 커뮤니케이션 전략

해 11,000명으로 당초 목표의 7,500명을 훨씬 웃돌았습니다. 1기생을 대상으로 실시한 설문조사에서 약 67%가 브라이스 광고를 보았다고 대답했으며, 그중 92.6%가 '인상에 남는다' '돋보였다'고 답했습니다. 이 전략도 효과적이었다고 할 수 있습니다.

광고가 화제가 되어 지원자가 순조롭게 증가하는 한편, 대외적으로는 '대학 광고는 좀 더 신중하게 하라'는 부정적인 소리도 있었습니다. 그 시기인 2010년 후지산케이그룹 광고 대상 심사위원을 맡게 된 것은 어떤 의미로 중대한 전환점이 되었습니다.

심사 논의 과정에서 광고에 대한 전문가들의 안목을 알게 된 것도 자극이 되어, 광고 제작의 수법이 크게 바뀌었습니다. 그때까지는 어느 쪽이냐 하면, 돋보이는 게 어디야?라는 식의 외형적인 임팩트에 중점을 두었지만, 광고에서 전하고 싶은 메시지를 응축시킨 캐치프레이즈의 중요성을 새삼 깨닫게 되었습니다. 이를 바탕으로 제작한 것이 2011년 초에 전국지(간사이판) 등에 게재한 '긴키대학 공항 참치'입니다. 공항에 내뻗은 여러 대의 탑

110

지知와 땀과 눈물의
긴키대학류 커뮤니케이션 전략

승교 앞에 줄지어 있는 것은 비행기가 아닌 거대한 긴키대학 참치로 디자인해, '세계가 그렇게 나온다면, 긴키대학은 완전 양식으로 나간다.'는 캐치프레이즈를 곁들였습니다.

개체 수가 감소하는 참다랑어의 어획량 제한이 세계적인 문제로 대두되는 가운데, 긴키대학이 세계 최초로 이루어낸 참다랑어 완전 양식 기술이 해양자원 보호를 위한 해결책이라는 것을 어필하고 싶었던 것입니다.

광고 시작 단계에서 이사장이셨던 부친께 보고하자, 무엇을 생각하셨는지 빨간 펜으로 메시지를 수정하더니 디자인에 대해서도 희망 사항을 말씀하셨습니다. 지금까지 없었던 반응에 놀랐지만 이번 광고가 마음에 들어 더 보충하고 싶으셨던 것 같았습니다. 이 전면 광고는 제41회 후지산케이그룹 광고 대상 크리에이티브부문 신문우수상과 미디어부문 신문우수상을 받았습니다. 이후 다양한 광고로 30여 차례 넘게 각종 상을 받았습니다.

홍보실 입구에는 광고 관련 상 트로피와 상장

을 '액막이'라는 이름으로 장식해 두고 있는데, 상을 받을 때마다 홍보실 스태프들의 자긍심과 앞으로의 도전을 위한 동기 부여로 이어지는 것이 느껴집니다. 이런 상황이 되자 광고에 대한 세간의 잡음이 딱 멈췄습니다.

비판을 위한 비판은 무시한다

대입 원서 접수 방법의 개혁에도 착수했습니다. 2014년도 입시부터 손으로 쓰는 종이원서를 폐지하고, 전국에서 처음으로 '대입 원서 접수 완전 전산화'를 시행한 것입니다.

역시 제가 대학입시를 경험하지 않은 까닭인지 모르지만, 단순한 생각으로 처음 원서 용지를 보고 너무 많은 세부사항에 놀랐습니다. 동시에 입학원서가 어떻게 이렇게까지 복잡할까 싶었습니다. 현재 사립대학교의 입시 제도는 매우 복잡합니다. 예를 들면, 수능과 같은 센터시험만으로 원서를 낼 수 있는가 하면, 센터시험과 정시를 합친 성

지知와 땀과 눈물의
긴키대학류 커뮤니케이션 전략

적이나 수시와 같은 추천입시로 합격 여부를 판정하는 등 다양한 입시제도가 있습니다. 하물며 긴키대학은 14개 학부 48개 학과가 있는데다 복수지원제도도 마련되어 있어 수험생들은 A4용지 1장 원서에 매우 복잡한 지망 사항을 몇 번이고 기재하지 않으면 안 됩니다.

게다가 매년 준비하는 13만 부나 되는 응시원서 서식 중에 3만 부 정도는 사용조차 않은 채 폐기되는 실정이었습니다. '환경'이라는 이름이 붙은 학과를 많이 개설하고 있는 대학으로서 이건 아니라는 생각이 들었습니다.

대학입시를 경험하지 않은 저는 입학원서 그 자체에는 별다른 의미가 없었으며, '이렇게 많은 세부사항을 왜 꼭 종이에 써넣어야 하는지? 인터넷으로 하면 간단하지 않을까?'라고 제안했습니다. 그러자 주위에서는 '원서는 정확하게 손으로 써야 한다'는 것입니다. 이치로는 대충 알 것 같지만, 정확하게 기입했다는 원서를 실제로 받아보면, 수험생들이 너무 많은 것을 써야 하는 탓에 결국은 글씨가 흐트러지고 맙니다. 단지 갑자기 제도를 바꾸면 반발이 생길 것을 예상해 타이밍을 엿보고 있었습니다.

원서 접수 전산화 자체는 2009년부터 시작했지만, 완전 전산화를 위해 2013년도에는 인터넷으로 원서를 제출할 경우 수험료 3천 엔을 할인하는 제도를 시행했습니다. 제도 이름은 페이퍼리스 paperless로 에콜로지 ecology, 할인으로 에코노미 economy라는 의미를 연관지어 '에코 원서 접수'라고 정해 환경 문제에 초점을 맞춰 어프로치 했습니다.

아무리 좋은 생각이라도 접근 방법이 틀리면 세간으로 확산되지 않습니다. 저희는 오사카의 풍토에 맞게 재치와 익살을 추구하면서 '긴키대학에는 원서를 청구하지 마십시오' '수험생들이여, 인터넷을 능숙하게 구사할지어다' '가미다노미 수험은 이제 그만둡시다' [4] '고3 아버지들, 컴퓨터 안의 수

<hr>

4 역주: 신(神)과 종이(紙)의 발음이 같은 "가미"라는 점에 착안하여 신(神)에게 빌어 합격을 기원하는 일은 그만두자는 의미로, 종이(紙) 원서 대신 인터넷 원서

지知와 땀과 눈물의
긴키대학류 커뮤니케이션 전략

近大へは願書請求しないでください。

あ、誤解しないでくださいね。我々はもちろん受験生の皆さんに近大を受けて欲しいんです。欲しいんです前提で、ちょっとだけ、聞いてください。近畿大学が昨年用意した願書セットは約13万部。重ねると、あの東京スカイツリー3本分にもなります。しかし。そのうち3万部は、誰の手にも渡らず廃棄されました。恥ずかしながら、とても多くの紙をムダにしてしまったのです。いかん、なんとかせな・・・。そう感じた我々は今年、インターネットで手続きすると検定料が割引される「近大エコ出願」をスタート。環境にやさしい受験を広めるため、本気で取り組みをはじめました。もし今年の出願でインターネット利用が70％を超えれば、来年には願書発行をゼロにする。そして、スカイツリー3本分の紙の節約を実現する。それが目標です。だから、皆さんにお願いします。近大へは願書請求しないでください。ね。 ✿ 近畿大学

상한 이력 지금 빨리 삭제해 두세요' 등의 광고 포스터를 전철 안과 철도역 홈에 게시했습니다.

이러한 표현이 유머스럽고 센스있게 받아들여져 스마트폰을 통해 순식간에 세간으로 퍼졌습니다. 지금은 스마트폰 시대라 익살스럽고 재미있으면 가만히 있어도 저절로 확산되기 마련입니다. 종이 낭비를 없애는 환경 문제에 대한 대책과 '에코히이키[5]라는 캐치프레이즈도 사회적 관심을 불러일으켜 매스컴에서 크게 보도되었습니다.

처음에는 부정적인 의견도 없지 않았습니다. '인터넷 환경을 갖추지 못한 입시생도 있다'는 등의 비판이었습니다. 그러나 '에코 원서 접수'의 효과는 상상을 초월해 전년도 인터넷 접수 비율 3% 정도에서 70%로 껑충 뛰어올랐습니다. 이로 인해 종이 원서를 완전히 폐지하고 원서 접수 완전 전산화로 이행할 수 있었습니다. 이번에도 신속하게 홍보한

접수를 부각시킨 표현.

5 　역주: 편애한다는 일본어 '에코히이키'를 경제적이라는 '에코노미'와 결부시킨 표현.

지知와 땀과 눈물의
긴키대학류 커뮤니케이션 전략

결과 각 매체에서 '전국 최초'라는 문구와 함께 기사로 대두되었습니다.

2013년에 에코 원서 접수를 발표할 당시에는 신문 기사에서 '종이 원서로 내고 싶어 하는 사람도 많다. 전산화 완전 이행은 시기상조'라는 지적도 있었지만, 이듬해 완전 전산화를 보도하는 기사에서는 '원서 접수 전산화 이제는 일반적'이라고 되어 있었습니다. 지금에서야 많은 대학이 도입하고 있지만, 그 당시만 해도 비상식과 상식이 180도 교체되는 갈림길이었습니다.

원서 접수 전산화는 업무 효율화로도 연결됩니다. 종이 원서에서 놓칠 수 있는 기입 누락이나 오류가 자동적으로 체크되기 때문에 기재상의 미비는 거의 일어나지 않습니다. 대학 측에서도 10만 부가 넘는 원서를 개봉하고 기입 누락과 같은 오류를 점검해야 하는 부담이 대폭 줄어들기 때문입니다.

오픈 캠퍼스 행사도 개선했습니다. 오픈 캠퍼스란 저출산을 배경으로 각 대학이 30여 년 전부터 시작한 고등학생들에게 대학교를 개방하는 이벤트입니다. 목적은 지원자 획득에 있으며, 현재는 도쿄대학이나 교토대학마저도 실시하기에 이르렀습니다. 제가 볼 때 서열이 낮은 대학일수록 내용이 알차고, 서열이 높은 대학일수록 충실하지 못한 감이 있습니다. 긴키대학도 이전부터 시행해 오고 있지만 이직 당시인 10여 년 전에는 솔직히 말해 내용도 식상한 것들이었습니다. 그러나 앞으로 응시할 고등학생들이 캠퍼스까지 찾아와 대학의 분위기를 맛볼 수 있는 절호의 기회라고 생각해, 대학의 '즐거움'을 앞세워 다채로운 행사로 대학축제 분위기를 조성하려고 했습니다.

입시 개요 설명회나 입시에 도움이 되는 영어 학습법 강좌와 같은 기본적인 기획은 물론, 응원단과 합주부단의 화려한 오프닝 세레모니·긴키대학 참치와 방어회 시식회·부속농장 직송 과일 먹기 등 다양한 아이디어와 지혜를 짜내고 있습니다.

또 이전에는 학생들도 담당했던 설치 운영과 경비는 이벤트 운영회사에 맡기고, 학생들은 기획에 전념하도록 했습니다. 재학생들로 구성된 자원 봉사자 그룹 '긴다이 올 스타 Kindai all stars'가 캠퍼스와 이벤트 안내 역할을 담당하는 것도 호평을 받고 있습니다. 2009년에 2만 924명이었던 동원 수가 2016년에는 5만 750명이 되어, 니시니혼 최대 규모의 오픈 캠퍼스로 자리 잡아가고 있습니다.

저는 책임자로서 당일에는 회장을 돌아다니며 고등학생들의 반응과 이벤트 상황을 확인하여, 다음 행사를 위한 힌트 찾기에 바쁩니다. 가장 신경 쓰는 일은 줄 서서 기다리지 않게 하는 것입니다. 운영 스태프들에게는 '고등학생들이 좋아서 줄서는 것이 아니다. 우리가 그들을 줄 서게 할 뿐이다'라는 생각을 철저하게 교육합니다. 오픈 캠퍼스를 보시면 긴키대학 홍보의 진수를 만날 수 있다고 해도 과언이 아니라고 자부합니다. 신입생을 대상으로 실시한 설문조사에서 대학 선택 과정에서 긴키대학을 선택한 이유 중에 오픈 캠퍼스가 재미있었다는 응답이 가장 많았습니다. 이 또한 지원자 수를 늘리는 데 한몫했다고 할 수 있습니다.

현재 광고를 내고 있는 오픈 캠퍼스 포스터는 두말할 필요 없이 모 주간지 전철 안 광고 포스터와 흡사합니다. 14개 학부 48개 학과, 의학부에서 문예학부까지 모든 학부가 대상이 되기 때문에 '확실한 미래가 여기서부터… 긴키대학 오픈 캠퍼스 ○월 ○일'이라고 써 봤자 뭐가 뭔지 알 수 없기 때문입니다. 이벤트를 상세하게 소개하기 위해서는 아무래도 주간지 포스터처럼 할 수밖에 없습니다. 주간지는 큰 표제에서 라이벌 잡지사와 경쟁하기 때문에 그러한 승부를 겨루는 기분을 흉내 내는 면도 없지는 않습니다.

긴키대학의 역사는 모체인 오사카전문학교 설립으로부터 90여 년이 됩니다. 더 긴 역사를 자랑하는 전통 있는 대학이 많은 가운데, 저희는 개혁적인 추진으로 선제대응과 도전하는 자세를 어필하고자 합니다. 새로운 것에 도전하려면 당연히 비판은 따르기 마련입니다. 그것이 정곡을 찌르는 것이면 모를까, 비판을 위한 비판은 무시하기로 했습니다.

지知와 땀과 눈물의
긴키대학류 커뮤니케이션 전략

細胞レベルで恋してる？
近大に
近畿大学オープンキャンパス
オープンキャンパス来場者数
（西日本1位！）
50,750人！
ミニ講義イベントは150以上！現役学生 約1,000人が近大のエエとこ紹せる～お祭り騒ぎの迫力パフォーマンス！
これが近大の全貌だ オープニングセレモニー
近大まるわかり 入試概要説明 体験コーナー
これまでの近大を超える 新エリア誕生！
話題沸騰 CNNカフェがまさかの！ ナマズ&Chips！
近大発ナマズ使用！ 試食会実施！
近大マグロ&カンパチ
近の炙りブリ丼
近のオムライス
イベントも盛りだくさん！
ミニ講義（入退場自由）
近畿大学
KINDAI UNIVERSITY
【入学センター】☎(06)6730-1124
〒577-8502 東大阪市小若江3-4-1
東大阪キャンパス
http://kindai.jp
7月23日(日)11:00～16:00／東大阪キャンパス／入場無料
近大名物 キャンパスツアー
YouTube
近大シャトルバスが便利！

03

이것이
긴키대학 홍보부의
실력이다

뉴스 릴리스 타율 연간 474타 / 보텀 업(bottom-up) 정보 수집 /

대학의 위기관리 홍보는 완전 엉망 / 24시간 대응 /

넷 세대가 아니면 참견하지 마라 / 비판이 쏟아진 대학 안내 책자 /

전국 5대 신문 압권 광고 /

방카라의 껍질을 깨다

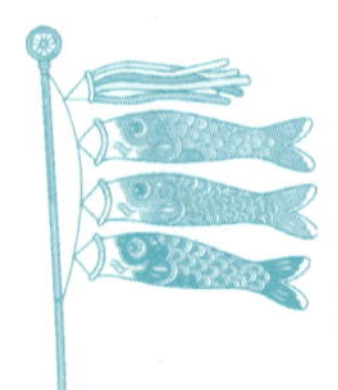

3장

이것이
긴키대학 홍보부의
실력이다

뉴스 릴리스 타율 연간 474타

2013년 4월 긴키대학에 홍보를 담당하는 총무부 홍보과와 광고 선전을 맡아 하는 입학센터의 입시홍보과를 합병한 홍보부(2017년 4월에 총무부와 통합하여 현재는 총무부 홍보실)가 발족되었습니다. 저는 홍보부 책임자인 부장대리로 발령받았습니다.

대학계에서는 홍보와 광고를 혼동하고 있다는 점에 대해서는 이미 말씀드렸지만, 각각 독자적으로 전개하는 것은 효율성이 떨어지기 때문에 긴키대학 전체의 일체감 있는 커뮤니케이션 전략을 추진하고 싶었습니다.

홍보부의 최대 과제는 세간에서 과소평가하고 있는 긴키대학의 실력을 정당하게 인정받는 일입니다. 그러기 위해서는 대학의 많은 정보를 뉴스 릴리스로 발신해 남성적인 방카라대학의 이미지를 쇄신해 새로운 브랜드 이미지로 정착시키는 일이 필요합니다.

근래에는 여대생 비율이 높은 종합사회학부와 국제학부를 신설한 것 외에도, 원어민 스태프와 영어로 수다를 떨면서 어학 실력을 연마하는 시설 '영어촌 E^3-cube'의 개설과 여성전용 파우더룸 등을 설치한 결과 히가시오사카캠퍼스에는 여대생 비율이 30%를 넘어 화사한 분위기로 변모하고 있습니다.

03. 이것이 긴키대학
홍보부의 실력이다

이제 와서 품위나 세련미로 타대학과 겨뤄본들 의미가 없다는 것은 너무나 잘 알고 있습니다. 그래서 저희의 전통인 방카라 정신은 계승하면서도 '챌린지 정신'이나 '에네르기슈'라는 실태에 맞는 이미지로 바꿔 말하기로 했습니다. 긴키대학을 둘러싼 '아픈 현실'을 어디까지나 출발점으로 자리매겨 홍보를 통해 꾸준히 뉴스를 발신하고 상식을 깨는 공격적인 광고를 쌍두마차로 삼아 대학 브랜드 개혁에 도전했습니다.

그렇다고는 해도, 그러한 뉴스를 신문이나 TV에 척척 낼 수 있는 마법은 없습니다. 홍보는 지극히 견실한 방법으로 이루어집니다. 여기서 저의 홍보에 대한 사고방식을 포함해 홍보부가 착수한 실례를 소개하겠습니다.

우선 저는 구태여 홍보와 광고로 담당 팀을 나누지 않고, 부원 한 사람 한 사람에게 양쪽 업무를 모두 담당하게 했습니다. 왜냐하면 부내에서 섹셔널리즘(sectionalism)이 발생하는 것을 회피하기 위해서였습니다.

지知와 땀과 눈물의
긴키대학류 커뮤니케이션 전략

둘 다 매우 중요한 업무임에는 틀림없지만 제 감각으로 홍보는 미디어 기자들을 상대하는 일이 많아 화려하지 않고 인내를 요구하는 일입니다. 한편, 광고는 광고 대리점의 크리에이터와 사전 협의를 하는 등 일견 화려하고 즐거워 보이는 분위기가 있습니다. 그렇게 되면 홍보와 광고 담당자 사이에 내심 달갑지 않은 기분이 생기기 마련입니다. 실제로 다른 기업의 일이지만 홍보와 광고 담당자들 사이에 알력이 있다는 소문도 듣고 있었기 때문에, 긴키대학에서는 담당을 굳이 구분하지 않기로 했던 것입니다. '오늘은 홍보 일을 했지만 내일은 광고·선전 일을 한다'는 식입니다.

홍보부에는 15명이 근무하고 있지만, 다른 대학에 비하면 많다고 합니다. 그러나 긴키대학의 경우, 학교법인 전체의 홍보를 담당하는 부서로서 니시니혼(西日本) 각처에 흩어져 있는 6곳의 캠퍼스와 부속 학교, 연구소, 병원 등 관리해야 할 범위가 무척 넓습니다.

규모가 큰 대학 중에는 정보 발신을 학부와

03. 이것이 긴키대학
홍보부의 실력이다

병원 등 현장에 맡기는 곳도 많다고 하지만 기업 홍보라는 관점에서 보면 그건 아니라고 생각합니다. 정보를 일원화해서 내보내는 편이 전체적인 브랜드 이미지 구축으로 이어질 뿐 아니라, 축적된 노하우가 세월이 지나면서 조직 전체의 재산이 될 수 있기 때문입니다.

홍보부는 학생 모집에 직접 관계되는 오픈 캠퍼스 운영은 물론 입시 설명회와 같은 업무도 담당하고 있어 인원 부족은 만성적인 과제입니다. 다른 대학들도 홍보에 힘을 쏟고 싶어 하면서도, 담당 부서에 최소한의 인원밖에 없어 원활하지 못하다고 합니다. 대학의 경영진은 홍보를 강화하고 싶다면 예산보다 인원 충당을 먼저 고려해야 하지 않을까 싶습니다.

처음부터 저는 '뉴스 릴리스 중시'라는 방침을 부원들에게 발표했습니다. 홍보의 기본은 뉴스 릴리스 즉, 보도 자료이기 때문입니다. 그때까지 긴키대학은 뉴스 릴리스 작성과 전송 그리고 기자회견 개최 등을 PR회사에 위탁하고 있었습니다. 그

지知와 땀과 눈물의
긴키대학류 커뮤니케이션 전략

렇게 하면 확실히 일정 수준은 유지가 되지만, 대학에 홍보 노하우가 축적되지 않는 문제점이 있었습니다.

뉴스 릴리스 작성에는 정보 수집 능력과 문장 능력에 더해 트렌드를 꿰뚫는 통찰력 등 홍보에 필요한 센스가 응축되어야 하기 때문에, 홍보를 담당하는 사람에게는 더없이 좋은 배움의 장이 되는 것입니다. 홍보부를 조직하고부터는 모든 것을 직접 작성하고 있으며, 2016년도에는 연간 474편의 뉴스 릴리스를 발신했습니다. 주말과 휴일을 제외하면 하루에 3편 정도의 릴리스를 발신한 셈이 됩니다.

정해진 인원으로 이렇게 많은 정보를 낸다는 것은 물론 간단하지 않습니다. 이것이야말로 괜찮다고 생각한 것이 수포로 돌아가는 것이 있는가 하면, 기대하지 않았던 것이 TV 전국 뉴스에 나온 일도 있었습니다. 이러한 상황은 경험이 풍부한 베테랑이라고 해도 예측 불가능한 일입니다. 거기서 저희는 언론에서 조금이라도 거론될 가능성이 있는 것은 모두 뉴스 릴리스로 발신하기로 했습니다.

물론 양만을 고집하는 것은 아닙니다. 신문이나 TV에서 얼마만큼 채용되느냐를 '타율'로 계산해, 같은 규모의 대학과 비교함으로써 발신 정보의 가치를 정밀하게 조사하고 있습니다. 2016년도에는 지방 신문을 포함한 게재 타율이 4할9푼2리였으며, 전국 5대 신문에서도 3할1푼6리였습니다. 참고로 TV만으로 보면 2할1푼3리입니다. 어느 쪽도 타대학에 뒤떨어지지 않습니다.

전국 5대 신문의 게재율은 전년도 3할4푼에 비해 약간 떨어졌지만, 프로 야구 선수 타자라면 1군에 남을 수 있는 성적이기 때문에 이만하면 괜찮지 않을까, 스스로 위안하고 있습니다. 타율이 너무 떨어져 같은 규모의 대학과 비교해 현저히 밑돌았다면, 효과 없는 뉴스 릴리스는 재검토하지 않으면 안 될 것입니다.

뉴스 릴리스가 기사로 채용되기 위해 가장 중요한 것은 문의에 대한 대응 속도라고 생각합니다. 미디어 기자들에게 '긴키대학에 대해 기사를 써

지知와 땀과 눈물의
긴키대학류 커뮤니케이션 전략

주십시오'라고 머리 숙여 부탁한다고 해서 기사가
될 만큼 만만하지는 않습니다. 먼저 관심을 끌게
하여, 문의가 접수될 때는 시간에 쫓기는 기자들
의 입장이 되어 가능한 한 신속하게 대응해야 합
니다. 그런 일이 거듭됨으로써 '타율'이 올라가는
것입니다. 뉴스 릴리스에 매달리는 데는 다른 이
유도 있습니다. 예전에는 릴리스라고 하면 미디어
측 기자용 자료였기 때문에 기자에게 기사로 채택
되지 않으면 거기서 끝나버리지만, 최근에는 대학
HP에 게재된 내용이 기자들에게 발굴되어 '패자
부활'이라 할 수 있는 새로운 현상이 일어나기 때
문입니다.

또 릴리스 배부회사를 이용하면 사이트상에서
다른 기업이나 대학의 정보와 관련지어 소개되거
나, 한참 후에 생각지도 못한 타이밍에서 취재하러
오는 일도 있습니다. 게다가 그러한 정보가 SNS
등에서 확산되는 경우도 많이 있습니다.

권말 부록으로 저희가 2016년도에 발신한 뉴
스 릴리스 목록을 실었습니다. 헐? 이런 것까지 발

03. 이것이 긴키대학
홍보부의 실력이다

표하는구나!라고 생각될 만한 것도 있을지 모르겠
지만, 홍보 분야의 관계자라면 참고할 만한 점도
있으리라 생각합니다. 꼭 한번 보십시오.

보텀 업(bottom-up) 정보 수집

애써 훌륭한 뉴스 릴리스를 작성하더라도 발
신 방법이 틀리면 효과가 없습니다. 일본에서는 예
로부터 기자클럽을 통해 언론에 뉴스를 내는 관습
이 있습니다. 시대의 흐름에 따라 찬반 논란이 있
는 것도 알고 있지만, 보도의 세계에서는 아직까지
큰 영향력을 행사하는 것 또한 현실입니다.

약간 개인적인 일이긴 합니다만, 긴키대학에서
는 기본적으로 간사이 지역 대학 관련 뉴스를 취
급하는 '오사카과학·대학기자클럽'이라는 저희 대
학 관할 구역인 히가시오사카시청에 있는 히가시
오사카시정 기자클럽에 뉴스 릴리스를 내고 있습
니다. 도쿄에 있는 대학일 경우에는 문부과학기자
회가 있으며, 지방 대학일 경우에는 현 소재지 현

지知와 땀과 눈물의
긴키대학류 커뮤니케이션 전략

청의 기자클럽에 내는 것으로 알고 있습니다.

일찍이 긴키대학도 이들 대학을 소관하는 기자 클럽과 관계를 구축해 그곳에 정기적으로 발신만 하면 되었지만 요즘은 그렇게는 안 됩니다. 기업이나 자치단체와의 산학(産学) 제휴와 연구 성과를 살린 상품 개발과 같은 뉴스를 발신하는 범위가 넓어졌기 때문에, 내용에 적합한 기자클럽을 골라 발신하지 않으면 안 되게 되었습니다. 각각 제안하는 제도와 자료지참 의무, 사전에 등록한 가맹점이 아니면 발신할 수 없는 클럽도 있습니다. 이러한 관례는 홍보 입문서나 인터넷에도 나와 있지 않기 때문에 직접 기자클럽과 연락을 취해 확인해 둘 필요가 있습니다.

긴키대학의 경우, 긴키대학 참치 연구 그 자체에 대해서는 수산계 기자클럽이, 2013년에 오사카와 도쿄에 개점한 양식어 요리 대학 직영점에 대해서는 상공계 기자클럽이 주된 전송처가 됩니다. 발표 안건이 홍보부에 접수되면, 이 단계에서 가장 먼저 뉴스 릴리스를 어느 기자클럽으로 발신할지를 생각해야 합니다. 정보로서의 가치가 아무리 높아도 목적지가 빗나가면 허탕칠 가능성이 높기 때문입니다.

한편, 발신하기 위해서 우선은 정보를 수집해야 합니다. 다른 대학의 홍보 담당자들은 '정보가 홍보까지 모여들지 않는다'는 푸념을 자주 합니다. 특히 국공립대학에서 그런 경우가 많은 것 같습니다. 긴테츠에서 일할 때도 기업 홍보 관계자들로부터 같은 고민을 자주 들었습니다.

긴키대학에서는 2016년도 한 해에 474편의 릴리스를 작성했다고 하면 홍보부의 정보 수집 능력이 월등하다고 생각하기 십상이지만, 실은 저희도 항상 같은 고민을 안고 있습니다. 아마도 이러한 고민은 홍보 담당자들에게는 영원한 과제일 것입니다.

해결이 어렵다는 것은 충분히 이해하고 있지만, 긴키대학에서는 홍보부 설립에 앞서 2012년도부터 홍보 담당자 제도를 도입했습니다. 홍보부 스태프와는 별도로 학내 각 학부와 각 부서 현장에

지知와 땀과 눈물의
긴키대학류 커뮤니케이션 전략

복수의 홍보 담당자를 정해, 거기서 정보를 홍보부로 보내는 시스템입니다.

현장 측의 홍보 담당자는 교육과 연구의 제일선에 있는 교원들로부터 정보를 수집해 홍보부로 넘기는 중개자 역할을 합니다. 잘 운용하면 효과적인 제도이지만 홍보부 담당자와 교원과의 관계가 원활하지 못하면 홍보부 본체까지 정보가 전혀 오지 않을 수도 있습니다. 저희는 홍보 활동이 대학의 발전을 위해 얼마나 중요한 일인지를 이해시켜, 학부와 부서에서 서로 공유하는 것을 목표로, 약 140명의 홍보 담당자를 대상으로 정기적인 연수회를 실시하고 있습니다. 그리고 학부와 부서마다 정보 발신 건수를 수치화해, 정보 발신에 적극적으로 참여하고 있는지를 가시화함으로써 정보 발신력의 수준 향상을 도모하고 있습니다.

그렇지 않아도 각 학부와 부서에 일이 많은데 또 다른 새로운 일을 떠맡기는 것은 부담이 너무 크다는 의견도 있습니다. 그러나 긴키대학에는 '전교직원이 정보 수집력과 발신력을 높여 긴키대

03. 이것이 긴키대학
홍보부의 실력이다

학의 홍보원이 된다'는 방침이 정해져 있어, 이것이 대의명분이 되어 홍보 담당자 제도가 제 기능을 발휘하는 것 같습니다. 이 방침은 직원뿐만 아니라 교원에게도 해당하기 때문에, 미디어로부터의 취재에도 가능한 한 협력하도록 교원들에게 요구할 때도 효력을 발휘합니다. 나아가 교원들의 협조를 끌어내기 위해 2015년도부터는 'KINDAI MEDIA AWARD'라는 상을 마련해 일 년에 한 번씩 정보 발신에 공헌한 교원을 현상 공모하여 부상으로 연구비를 수여하고 있습니다.

이 방법이 옳다는 확증은 없습니다만, 정보 수집 강화와 정보 일원화를 지향한 결과 생겨난 시스템임에는 틀림없습니다. 교직원 전원의 노력으로 인해 정보 공유의 상황은 개선되었으며, 적어도 긴키대학에서는 현장의 교원들로부터 '정보를 아무리 홍보로 올려도 뉴스로 채택되지 않는다'는 목소리는 없습니다.

홍보담당 부서는 수집과 발신의 쌍방을 주시하면서 항상 방안을 강구하지 않으면 시사성 있는

지知와 땀과 눈물의
긴키대학류 커뮤니케이션 전략

중요한 정보를 놓칠 수도 있습니다.

대학의 위기관리 홍보는 완전 엉망

긴테츠 홍보담당 시절에 배운 위기관리 홍보에 대해 소개하겠습니다. 최근의 보도를 보더라도 대학계는 기업에 비하면 이 분야에서의 홍보는 한참 뒤처진 감이 있습니다. 학계의 일류라고 할 수 있는 몇몇 유명 대학의 위기관리 홍보가 제구실을 못하는 것이 요인 중 하나가 아닌가 싶습니다.

구체적인 실례는 언급하지 않겠습니다만, 언론을 떠들썩하게 만든 사건이 발생했을 때도 대학 측은 기자회견은커녕, 제대로 된 코멘트조차 내지 않았으며, 매스컴도 그것을 인정한 것처럼 추궁하지 않아 놀란 적이 있었습니다. 기업이라면 생각조차 할 수 없는 상황이었습니다. 지금까지의 대학계에서는 그렇게 통했는지 모르지만, 머지않아 세간에서 몰상식으로 몰리지 않을까 싶습니다. 당장이라도 시대에 발 맞추어 기업 수준의 위기관리 홍보를 준비해 둘 필요가 있다고 생각합니다.

학생 모집에 무척 어려움을 겪는 대학에서 불상사를 잘못 취급하면 돌이킬 수 없는 치명상을 입을 수도 있습니다. 획기적인 연구 성과나 학생들의 활약과 같은 발표에 비해 위기관리 홍보는 소극적으로 생각하실지 모르겠지만, 일률적으로 그렇다고 말할 수도 없습니다. 그리고 평소의 마케팅 홍보에서 미디어 관계자들과 친밀한 관계를 구축해 두는 일 또한 그것이 위기관리 홍보에 도움이 될 수도 있습니다.

이것은 실제 체험이기도 하지만, 평소에도 기자들과 소통하면서 그 본질을 알아두는 것이 긴박한 상황에 처했을 때 큰 도움이 될 수 있습니다. 반대로 불행하게도 불상사를 당했을 때는 언론에 진지하게 대응해야 기자에게 신뢰를 얻을 수 있고 그래야 마케팅 홍보에 좋은 영향을 미칠 수 있습니다.

위기관리 홍보는 사안에 따라 대응 수준이 달라집니다. 불상사를 파악하는 단계에서 누가 출석

지知와 땀과 눈물의
긴키대학류 커뮤니케이션 전략

해 기자회견을 열 것인지, 코멘트로 마무리를 한
다고 하더라도 어느 정도의 수준이 필요한지 등을
즉석에서 판단하여 결정해야 합니다. 이 점을 염
두에 두고 진지하게 대응하면 기자와의 신뢰 관계
는 자연히 구축되기 마련입니다. 마케팅 홍보와 위
기관리 홍보는 불가분의 관계이기 때문에 항상 과
부족 없이 준비해 두는 것도 뉴스 릴리스가 채택
되는 '타율' 상승에 일조하는 일입니다.

안타까운 일이지만 긴키대학에도 불상사가 있
었습니다. 2017년 8월, 복싱부에서 부원에 대한 폭
력 행위가 발생해 감독을 직권면직 처분한 일이
보도되었습니다. 이 경우는 신문에서 선제 보도했
지만, 바로 감독에게 자택 대기를 명한 다음 사실
을 확인하여 최대한 빨리 처분한 후에 기자회견을
열었습니다.

불상사와 같은 부정적인 발표에서 가장 유념
해야 할 사항은 내용이 불충분하거나 나중에 새
로운 사실이 불거져 두 번 세 번 회견을 열지 않을
수 없게 되는 일입니다. 사태에 따라 큰 기사가 되

는 것은 어쩔 수 없는 일이지만, 무엇보다 중요한 것은 최대한 빨리 마무리 짓는 일입니다. 그래서 당사자에게 사실 확인과 처분 결정을 서두른 결과, 한 번의 기자회견으로 끝낼 수 있었습니다.

긴키대학의 복싱부는 전일본대학 왕좌를 10번이나 획득한 명문이지만, 2009년 부원 2명이 통행인을 때리고 현금을 빼앗는 강도 치상 사건을 일으켜 복싱부가 해체된 일이 있습니다. 그러다 겨우 2012년에 활동을 재개한 상태였습니다.

이 사건 당시 저는 입시홍보과장으로 위기관리 홍보에는 관여하지 않았지만 체포라는 정보가 들어왔을 때, 이사장이셨던 부친은 어느 정도의 사실이 확인된 단계에서 2명의 퇴학과 복싱부 해체라는 즉결 처분을 내리셨습니다. 그때 부친께서 '테니스부원이 사람을 때리는 것과는 차원이 다르다'고 한 말씀이 인상에 남아 있습니다. 이번에는 지도자의 문제라는 점을 참작하여 부원 해체와 활동 정지는 면했지만, 사회적으로 납득될 수 있는 처분이 중요했습니다. 그렇게 함으로써 결국은

조직의 대미지 컨트롤의 극소화로 이어진다고 생
각합니다.

24시간 대응

한편, 저희가 언론에 더 많은 노출을 위해
2013년에 발간한 책자가 "긴키대학 코멘테이터 가
이드북(Kindai commentator guide-book)"입니다.
1,200명이 넘는 전임 교원의 전문분야와 코멘트
가능한 내용, 그리고 얼굴 사진을 게재한 책자로
매년 갱신하면서 신문사와 TV 방송국 등으로 배
부하고 있습니다. 긴테츠 홍보 담당 시절, 돌발적
인 사고나 사건이 발생했을 때 기자들이 코멘트
가능한 사람을 찾는 어려움을 보았기 때문에 그
필요성을 근거로 만들었습니다.

각 언론사에 비치해 전문적인 입장에서 코멘
트나 해설이 필요할 때 즉각 긴키대학 교원을 찾아
낼 수 있게 편집했습니다. 해당하는 교원이 있을
경우에는 홍보부에 연락을 하면 담당자가 원 스톱

지知와 땀과 눈물의
긴키대학류 커뮤니케이션 전략

(oen stop)으로 취재를 세팅합니다. 사건의 발생은 낮에만 일어난다는 법이 없기 때문에 교원의 형편이 닿는 한 언제든지 대응할 수 있도록 최대한 노력하고 있습니다.

스태프 전원이 귀가한 다음에도 24시간 주재하는 수위실에 홍보 담당 관리직 직원의 핸드폰 번호를 맡기고 있어, 언제든지 연락을 취할 수 있는 체제를 갖추고 있습니다. 물론 명함을 교환한 언론 관계자들에게는 명함에 핸드폰 번호가 적혀 있기 때문에 직접 연락해 오는 일도 적지 않습니다. 가이드북 활용은 아니지만, 입시관계 매스컴으로부터 오전 6시에 문의 전화가 걸려온 적도 있습니다.

여기서도 '전교직원이 정보 수집력과 발신력을 높여 긴키대학의 홍보원이 된다'는 긴키대학의 방침이 대의명분이 되어 교원들도 적극적으로 협조하고 있습니다.

중요한 것은 뉴스 릴리스 취재와 마찬가지로 대응의 속도입니다. 마감 시간이 정해져 있는 가운

03. 이것이 긴키대학
홍보부의 실력이다

데, 복수의 대학이나 전문가에게 취재를 의뢰하는 경우에도 전화 취재든 연구실에서의 대면 취재든 긴키대학의 세팅이 빠르면 빠를수록 그만큼 보도로 이어지는 확률이 높아지기 때문입니다. 결과적으로 언론에 코멘트가 거론되면, 교원은 지금까지 계속해 온 연구와 개발의 주제에 대해서도 세간에 어필할 수 있는 찬스가 되는 것입니다. 대학으로서도 학내에서 진행되는 연구 내용을 수험을 앞둔 고등학생들과 학부모들에게 알릴 수 있는 절호의 기회가 되기도 합니다.

언론을 통한 긴키대학의 연구 분야를 널리 알림으로써 기업으로부터 새로운 공동연구 제안이 들어오거나 강연 등의 의뢰가 증가하는 장점도 있습니다. 반드시 돈을 들여 광고를 내지 않아도 홍보의 수법으로 긴키대학을 적극적으로 어필하는 방법도 있어, 이 방법은 지혜를 짜내야 할 과제이기도 합니다.

넷 세대가 아니면 참견하지 마라

앞으로 홍보에 필수적인 것은 인터넷의 활용이지만, 좀처럼 유용한 활용법을 찾지 못하는 것이 많은 대학의 실정이 아닐까 싶습니다. 지금이야말로 각 대학에 HP가 없다면 말도 안 되는 시대가 되었으며, 사용자에 대한 편리성을 높여 어떻게 하면 목적하는 정보를 신속하게 수집할 수 있도록 하느냐가 요구되고 있습니다. 다만 게재하는 정보는 어느 대학이든 비슷해서 특징을 살리는 일 또한 그리 만만치 않다는 것은 잘 알고 있습니다. 디자인과 같은 트렌드를 따라가지 못하면 바로 진부해지면서 대학 전체의 브랜드 이미지를 오히려 떨어뜨리는 결과를 초래하기 때문에 주의가 필요합니다.

정보 발신이라는 의미에서는 스마트폰의 보급으로 트위터나 페이스북, 유튜브 등의 SNS로 무한정 확산될 가능성이 있기 때문에 대학도 뉴스 릴리스 발신의 장으로 활용해야 하는 시대가 되었습니다. 대형 언론에 의존하지 않고는 세간으로 정보를 발신하기 어려웠던 시대에는 국립대학이나 일부 유명 대학의 노출이 편중되는 경향이 있었지만, SNS의 발달로 인해 그 밖의 대학들도 단숨에 기회가 늘어난 것입니다. SNS는 아이디어에 따라 때로는 파격적인 위력을 발휘하곤 합니다. 더구나 기본적으로 돈이 들지 않기 때문에 유명대와 무명대, 규모의 대소를 막론하고 기회는 모든 대학에 공평하게 주어지는 이점이 있습니다.

SNS를 계기로 신문이나 TV에서 취재해 가는 경우도 적지 않습니다. 첫 번째 예가 2013년도 입시에서 시작한 '에코 원서 접수' 포스터였습니다. 전철역 구내에 게시한 포스터를 본 고등학생들이 재미있어 하면서 사진을 찍어 SNS로 퍼트렸습니다. 마침 스마트폰 보급기와 맞물려 언론의 눈에 띈 것입니다. 이를 계기로, 재미있는 광고를 만들면 SNS로 확산될 뿐만 아니라, 나아가 그것이 화제가 되어 취재로 연결될 수도 있다는 점을 염두에 둔 포스터 작성을 의식하고 있습니다.

제6장에서 자세히 말씀드리겠지만, 2014년도

지知와 땀과 눈물의
긴키대학류 커뮤니케이션 전략

졸업식에 특별게스터로 초대한 전 라이브도어 사장 호리에 타카후미(堀江 貴文) 씨가 축사를 하는 장면을 인터넷으로 생중계하여 유튜브에 올린 결과, 재생 횟수가 100만 회를 상회하고 있습니다. 트위터에서도 순식간에 확산되어 전설의 스피치로 불리고 있습니다.

성공 사례를 들자면 끝이 없지만, 사실은 그만큼 실패도 많았습니다. 저의 경험으로 SNS는 '총 솜씨가 서툴러도 여러 번 쏘면 맞는다'는 식의 세계라고도 할 수 있고, '쏜다고 다 맞는 것은 아니다'는 식의 세계라고도 할 수 있습니다. 그러나 쏘지 않으면 아무것도 시작되지 않는다는 것 또한 두말할 필요가 없지 않겠습니까.

지금이야말로 인터넷으로 검색만 하면 기업의 성공 사례를 즉석에서 알 수 있으며, 그 과정 또한 금방 알 수 있습니다. 최고 학부인 교육기관이기 때문에 기업 흉내를 내서는 안 된다며 무의미한 제한을 가하는 대학에는 평생 기회는 찾아오지 않을 것입니다. '대학의 상층부가 SNS의 유용성을

이해하지 못하고 아무것도 못하게 한다'는 말도 대학 홍보부 담당자들한테서 자주 듣는 푸념입니다. 어떤 대학에서는 직원 개인이 SNS로 발신하는 것조차 금한다고 합니다. 물론 일정한 규칙은 필요하겠지만, SNS는 평소에 사용하지 않으면 절대로 능숙하게 구사할 수 없는 스킬입니다.

직원 개인의 발신은 절호의 홍보 마인드 조성의 장이 되기도 하므로 홍보와 광고의 전문가가 되기 위해서는 자신들이 꾸준히 사용해야 할 것입니다. 저는 중독이 될 정도로 늘 사용하고 있습니

지知와 땀과 눈물의
긴키대학류 커뮤니케이션 전략

다. 특히 예산이 적은 중소규모 대학에서는 광고 대리점을 거칠 필요가 없는 SNS의 보급은 천재일우의 기회라고 할 수 있기 때문에 활용하지 않을 이유가 없다고 생각합니다.

최근에는 특정 분야에 정통한 사람이 정보를 수집하고 정리하는 큐레이션 사이트(curation site)도 주목을 받고 있습니다. 긴키대학에서는 이 분야에도 도전하고 있습니다. 2015년 10월부터 공개하고 있는 '큐레이션 사이트 긴다이 픽스(Kindai Picks)'입니다. 인터넷상의 방대한 정보 가운데, '세간에서 보는 긴키대학의 모습'을 수집해 재발신함으로써 긴키대학의 매력을 재확인하고 새로운 가치의 창출을 겨냥하고 있습니다. 이른바 대학 스스로가 언론을 운영하는 것과 같습니다.

홍보부가 '긴다이 픽스(Kindai Picks) 편집부'의 관리자가 되어 신문이나 잡지 등의 사이트에서 긴키대학 관련 기사를 가려내고, 긴키대학과 연고가 있는 졸업생이나 교원들과의 인터뷰 등 오리지널 콘텐츠도 게재하고 있습니다. 전문 지식을 가진 교직원에

03. 이것이 긴키대학
홍보부의 실력이다

의한 뉴스 해설도 있습니다. 예를 들면, 저명인사가 병을 공표했을 때 부속병원 전문의가 병세와 치료, 그리고 복귀할 전망 등을 해설한 일입니다. 제1장에서 소개한 카피라이터 가와카미 테츠야 씨에게 조사를 의뢰한 간간도리츠의 탄생 비화도 게재했습니다.

종래의 홍보 담당은 시사성 있는 뉴스 릴리스를 발신하고 그에 대응하여 언론의 기사가 되도록 하는 것이 주된 업무였다고 할 수 있습니다. 그러나 저희는 거기서 한발 앞서 저희 스스로가 긴키대학으로서 가치 있는 뉴스를 만들어 내거나 대학의 콘텐츠를 발굴해 발신하는 미디어를 손에 넣은 것입니다. 앞으로는 더 알찬 오리지널 콘텐츠로 읽을 만한 사이트를 만들어 가려고 합니다. 저희의 표적인 수험생은 시비를 차치하고 완전히 인터넷 세대입니다. 대학의 경영층은 인터넷 세계를 이해하지 못한다면 받아들이지 못하게 반대는 하지 말고 젊은 직원의 판단을 믿고 맡겨 주기를 바랍니다. 이 부분은 인터넷에 정통한 세대에 맡기지 않으면 수험생을 놓칠 수밖에 없습니다.

지知와 땀과 눈물의
긴키대학류 커뮤니케이션 전략

비판이 쏟아진 대학 안내 책자

대학 안내 책자도 2016년도부터 새롭게 단장했습니다. 잡지 *TOKYO GRAFFITTI*를 발행하는 출판사 그라피티(graffitti)에 취재와 편집을 의뢰해, 마치 패션 잡지를 방불케 하는 것으로 다른 대학과는 완전히 차별화했습니다.

학부의 커리큘럼과 연구 내용에 대해서는 거의 언급하지 않은, 일본 대학으로서는 최초로 교육과 학술을 제외한 대학 안내 책자입니다. 그 대신 그라피티의 취재반이 캠퍼스에서 '간지녀·간지남 학생'을 취재해 패션이나 생활하는 자신의 방을 사진으로 소개하거나 유행하는 자전거나 륙색을 특집으로 꾸미기도 했습니다.

이 개혁의 원점은 입시홍보과장 시절 어느 고등학교에 입시설명회를 하기 위해 방문했을 때의 경험에 있습니다. 외국어대학과 긴키대학에 각각 30분의 시간이 주어졌는데, 외대는 커리큘럼에서 취직처까지 간단히 설명할 수 있었던 것에 비해,

당시 13학부를 거느린 긴키대학으로서는 학부 커리큘럼을 설명하기는커녕, 주어진 시간 30분으로는 긴키대학의 실학 이념을 어필하는 것만으로도 부족할 지경이었습니다. 현재는 14개 학부 48개 학과로 6곳에 캠퍼스가 있습니다. 종합대학이라는 것이 자랑거리는 될 수 있지만, 어필하거나 설명할 때는 역으로 핸디캡이 되는 것을 통감했습니다.

설명회에 가 보면 잘 알 수 있는 일이지만, 고등학생들은 잔 글씨로 빽빽하게 정보가 차 있는 대학 안내 책자 따위는 애초에 읽을 생각조차 하지 않습니다. 그럼에도 불구하고 기존의 대학 안내 책자는 학부별 커리큘럼이나 재학시 취득 가능한 자격증, 그리고 졸업 후의 진로와 같은 정보를 총망라하여 흡사 사전과 같았습니다. 지망 학과 이외의 지면은 아무래도 좋은 쓸데없는 것입니다. 그런데도 두껍고 무거운 책자를 만들어 배부하는 것에 의문을 가졌습니다. '그렇다면 적어도 읽어서 재미있는 것으로!'라는 의식의 전환으로 안내 책자를 새롭게 단장했습니다.

지知와 땀과 눈물의
긴키대학류 커뮤니케이션 전략

153
03. 이것이 긴키대학
홍보부의 실력이다

수험생들이 대학 선택을 하는 데 가장 중요한 학부와 학과의 자세한 정보는 HP로 유도하고 안내 책자에는 싣지 않았습니다. 게다가 '종이 안내 책자'는 패션에 정통한 프로가 고른 캠퍼스의 멋있는 학생들 소개에 주력해, 고등학생들이 4~5년 후의 자신들 모습을 투영할 수 있게 했습니다.

그런데 뚜껑을 열어보니 예상 밖으로 부정적인 반응이었습니다. '이게 대학 안내 책자라니? 마치 패션 잡지 "긴키대학안내"'라는 기사로 웹 사이트 Yahoo!가 톱 뉴스로 다루고 있었습니다. 기사에 대한 코멘트는 '긴키대학이니까 그런 거 아냐' '젊은이들 눈높이에 서는 것과 젊은이들에게 영합하는 것은 다르다' '팸플릿에 쓸 만한 연구 성과가 없어서 그럴 거야'라는 것뿐이었습니다.

평소 같으면 '악플'이 쇄도해도 세간의 관심이 그만큼 많다고 생각해 기분이 나쁘지는 않았을 텐데 이번만큼은 비판이 너무 거세 머리를 싸매고 말았습니다. 게다가 오사카의 어느 공립고등학교에서는 학생들에게 배본을 거부했습니다. '긴키대학 간지녀·간지남 학생'이라는 캠퍼스의 멋쟁이들을 특집한 란이 있어 고등학교에서 배부하기에는 부적절하다는 이유였습니다.

그래도 저희가 어필하고 싶었던 젊은 세대에게 서는 '멋있다' '보기 쉽다'라는 대체로 호의적인 반응이었습니다. 대학 안내 책자를 읽고 입학한 신입생들을 대상으로 한 조사에서 '긴키대학 간지녀 학생'란을 호평한 것은 여고생이었으며, '긴키대학 간지남 학생'을 호평한 것은 남학생이라는 결과를 보였습니다. 즉, 앞의 공립고등학교가 우려한 '불순'한 생각으로 책자를 손에 쥔 고등학생은 거의 없었다는 결론이며, 오히려 자신의 미래를 상상하며 대학 안내 책자를 보지 않았을까 하는 생각이 듭니다.

새로운 도전에는 반드시 충격이 따르는 법입니다. 더구나 인터넷상에서 거론되면 정말 걷잡을 수 없는 충격이 따를 수도 있습니다. 인터넷의 반응은 극단적이어서 완전 반대 아니면 완전 찬성으로 양분됩니다. 특히 완전 반대인 경우에는 듣는 순간 '우르르' 익명으로 악플을 달기도 합니다. 그

03. 이것이 긴키대학
홍보부의 실력이다

러나, 긴키대학의 의도를 이해해 주는 젊은이들 또한 분명히 있었습니다. 긴키대학의 매력을 어필하고 싶었던 세대들에게 저희의 메시지가 전해지는 것이 무엇보다 중요하기 때문에, 그런 의미에서는 목적을 이루지 않았나 싶습니다.

전국 5대 신문 압권 광고

상식을 깨는 공격적인 광고는 지금도 진행 중입니다. 그중에서도 2015년 10월 15일에 29년 만에 오사카에서 개최한 신문대회에 맞춘 덴츠(電通)[1]의 독자 기획은 큰 반응을 불러일으켰습니다. 이듬해 4월에 개설하는 국제학부를 사전에 어필하기 위한 전면 광고입니다. 상가 포스터 전에서 화제가 되었던 덴츠의 구사카 케이타(日下 慶太) 씨가 이끄는 5팀이 아사히(朝日), 마이니치(毎日), 요미우리(読売), 산케이(産経), 니혼케이자이(日本経済)의 전국 5대 신문에 각각 다른 광고를 제작해 실었습니다.

1 역주: 일본 대형 광고대리점으로 주식회사.

지知와 땀과 눈물의
긴키대학류 커뮤니케이션 전략

제작비를 많이 요구하지 않는 대신, 게재 전에 '광고주 체크 없이'가 조건이라는 전대미문의 기획으로, 타진한 복수의 기업이 망설였기 때문에 긴키대학에 제안한 것이라고 했습니다.

저는 국제학부의 신설이 정해졌을 때부터, 타대학에서 흔히 있을 법한 '세계에서 통하는 글로벌 인재를 육성한다' 식의 평범한 표현은 절대 쓰지 않기로 마음먹었습니다. 긴키대학 국제학부에서는 1학년 후기부터 1년간, 글로벌전공 전학생은 미국, 동아시아전공 중국어코스 전학생은 중국과 대만, 한국어코스 전학생은 한국 유학이 필수 과목이라는 특징이 있습니다. 그것을 어떻게 표현하면 임팩트가 강할지 고민한 적도 있어, 이 기획을 결단했습니다.

저희의 신조는 광고의 크리에이티브한 업무를 광고대리점에 통째로 맡기지 않고, 캐치프레이즈의 구독점까지 꼼꼼히 살펴야 한다는 것입니다. 그때는 자신들의 광고에 지나치게 자신감을 가진 나머지 스스로의 성공 체험에 빠져 오히려 제한을 가하는 것과 같은 느낌을 받던 시기이기도 했습니다. 그래서

03. 이것이 긴키대학
홍보부의 실력이다

명실공히 업계의 프로인 제작자에게 맡겨 자신들의 제한을 뛰어넘고 싶다는 생각에 이른 것입니다.

학내적으로도 'OK'를 얻어냈습니다. 지금까지는 저희가 광고를 낼 때마다 대학의 최고위자들을 초조하게 만들었지만 그간의 실적 덕분에 점차 재미있는 광고에 관용적인 분위기가 형성되어 갔습니다.

그러나 '맡긴다'고는 하지만, 한번 세상에 나온 것은 돌이킬 수 없습니다. 대단한 스릴과 함께 아주 불안했습니다. 게재 전날 밤에 담당자로부터 '내일 아침 이 광고가 나갑니다'라는 보고 메일을 받았을 때도 그 기분은 여전했습니다. 당시 저는 출장지에서 스마트폰 화면으로 확인했던 것인데, 솔직히 '어! 이래도 되는 걸까?'라는 생각에 사로잡히고 말았습니다.

다음 날 아침 신문에 게재된 전면 광고를 보고서야 소리 내어 웃었습니다. 그야말로 정말 멋진 솜씨였습니다. 역시 스마트폰의 작은 화면으로는 그 익살스런 분위기가 전해지지 않았음을 알게 되었습니다. 손에 잡히는 광고로서는 최대 사이즈인 신문 전면 광고가 임팩트가 강하다는 것도 새삼

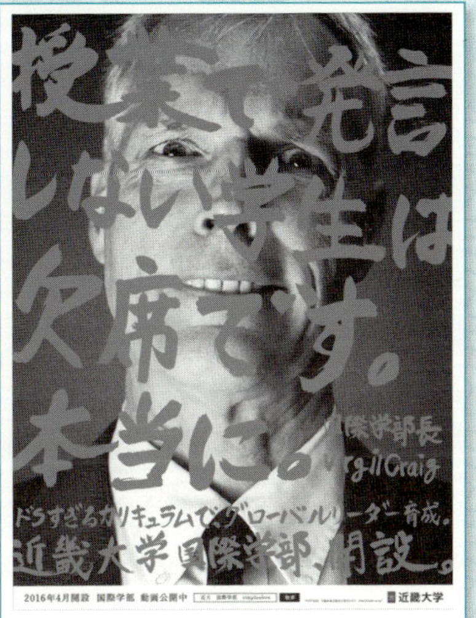

알게 되었습니다.

문제의 광고는, 미국인 국제학부장의 엄한 표정 위에 '수업 중에 발언하지 않는 학생은 결석입니다. 정말로.'라는 캐치프레이즈가 덧씌워져 있는 것입니다. 빡센 교육과정을 '도가 지나치다'고 어필하는 것 또한 시선을 끌기에 충분했습니다.

요미우리신문에는 '참치뿐만 아니야'라는 캐치

03. 이것이 긴키대학
홍보부의 실력이다

프레이즈 위에 참치를 안고 있는 원어민 교수의 사진. 게다가 친절하게도 'Tuna'의 스펠링과 발음기호까지 쓰여 있습니다. '결국은 참치야!'라는 반박이 들어올 것만 같은 광고입니다.

마이니치신문에는 벤치에 쓸쓸하게 앉아 있는 학생에게 '진정한 친구는 아직 가 본 적이 없는 나

지知와 땀과 눈물의
긴키대학류 커뮤니케이션 전략

라에, 있을지도 몰라.'라는 캐치프레이즈였습니다. 젊은이들에게 미래에 대한 기대감을 안겨주는 광고입니다. 산케이신문은 '나는 지금 세계로부터 시험당하고 있다.' 작은 사진으로는 보이지 않을 수도 있지만, 웃고 있는 외국인 미녀의 이 사이에 파란 김이 끼어 있습니다. 이 상황에서 상대방에게 무엇을 어떻게 전해야 할지, 확실히 '세계로부터 시험당하고' 있습니다. 닛케이신문에서는 '긴키대생 열공중.' 이 또한 '어딜 봐도 공부하는 거 아니잖아!'라는 반박이 들어올 것 같지만, 외국인 학생들과 천진난만하게 장난치는 모습에서 '국제학부'의 의도가 충분히 전해지고 있습니다.

이들과는 달리, 탈락한 기획으로 '1학년 때부터 전원 해외로 추방'이라는 캐치프레이즈를 사용한 광고도 있었습니다. 유학이 필수라는 것을 '해외 추방'으로 바꿔 말한 기발한 기획이었기 때문에 이것은 학내에 게시했습니다.

'이런 광고 되먹지 않았잖아?'라는 장문의 크레임메일을 2통 정도 받았습니다만, 저는 오히려

기쁘게 생각했습니다. 광고를 내고도 아무런 반응이 없을 때가 가장 힘들기 때문입니다. 굳이 메일에 세세한 내용까지 쓸 정도의 반응은 매우 고무적인 현상으로 받아들입니다. 이런 경험이 없었더라면, 2017년도 새해 '소케이킨(早慶近)'이라는 광고의 발상도 없었을 것입니다,

지知와 땀과 눈물의
긴키대학류 커뮤니케이션 전략

저도 가끔은 세련되고 멋진 광고를 내고 싶습
니다. 그러나 대량으로 척척 낼 수 없기 때문에,
한 번의 광고로 얼마나 강한 임팩트를 나타내느냐
에 승부를 걸고 있습니다.

국제학부 개설에 맞춰 긴키대학의 영어 명칭
'Kinki(近畿) University'를 'Kindai(近大) University'
로 변경했습니다. 이것은 Kinki와 발음이 비슷한
Kinky가 '변태'를 의미하기 때문에 교원들이 해외
학회 등에서 웃음거리가 되는 일이 있었기 때문입
니다. 글로벌전공 학생을 미국으로 유학 보내는 것
을 계기로 오래된 과제를 해소하기로 한 것입니다.
이것을 '필살의 기삿거리'로 생각해, 이 또한 국제
학부 신설을 어필하는 자료로 삼았더니. 예측대로
신문 등에서 대대적으로 보도했습니다.

Yahoo! 뉴스에서도 톱기사로 다루어져 금세 화
제가 되어 퍼져갔습니다. 임팩트 있는 화제를 만들
어 누군가에게 말하고 싶은 이야깃거리를 제공함
으로써 언론과 인터넷을 통해, 돈을 들인 광고에
못지않게 PR 효과를 거둘 수 있었습니다. 그런 홍

보라면 임팩트 강한 광고와 더불어 시너지 효과가 생겨난다고 생각합니다.

방카라의 껍질을 깨다

2011년부터 시작한 새해 첫신문 전국지 전면 광고는 긴키대학의 연초 결의 표명과 다를 바 없습니다. 저희는 매년 화제를 불러일으킬 수 있는 광고를 만들기 위해 머리를 싸매고 궁리합니다. 제1장에서 소개한 '고정 개념을, 깨부수다'나 '소케이킨' 외에도 공격적인 광고는 여러 편 있습니다.

2015년 설날에는 클로즈업된 참치가 눈을 부릅뜨고 노려보는 이미지에 '참치 대학이라고 하는 녀석, 누구야?'라는 캐치프레이즈를 곁들였습니다. 긴키대학의 연구 성과는 참치만이 아닙니다. 쓰레기에서 에너지를 창출하는 차세대 에너지 바이오 코크스 연구는 향후 국내에서만 6천억 엔 시장으로 성장할 가능성을 가진 유망주입니다. 그리고 시베리아의 영구적인 동토(凍土)에서 채취한 매머드의

지知와 땀과 눈물의
긴키대학류 커뮤니케이션 전략

뼈 세포를 배양해 현대의 코끼리 자궁에 착상시키는 매머드 부활 프로젝트도 진행 중입니다.

2015년 연초 광고는 아직 완전히 전하지 못한 차세대 연구와 교육을 세간에 알리겠다는 결의를 표명한 것입니다. 그것은 세간으로 내보내는 메시지이면서 동시에 홍보부에 대한 격려이기도 했습니다.

광고 메시지에는 긴키대학 참치에게 '건학 정신인 "실학 교육"의 현실적인 결과는 바로 너야'라고 중얼거린 뒤에 다음과 같이 이어집니다. '긴키대학에는 참치 못지않은 그 이상의 연구 성과도 널려 있는데 참치밖에 없다고 생각하는 경향이 있어. 이건 절대 아니야!'

그리고 2016년 연초 광고는 긴키대학 참치 대신에 '긴키대학 출신 메기'를 등장시킨 의욕적인 작품입니다. 이 메기에 대해서는 나중에 상세히 설명드리겠지만, 장어맛 메기 양식 연구에 성공한 것입니다. 2015년 여름에 발표한 이후, 자원 고갈 문제가 심각한 장어의 대용품으로서 양식 사업이 본격화되었습니다.

메시지에서는 메기가 다음과 같이 단언합니다. '그러고 보니, 긴키대학이 참다랑어 완전 양식에 도전했을 때도 "결국, 양식이지"라며 하찮게 취급했지? 하지만 지금에 와서는 천연보다 더 맛있잖아! 라는 호평. 하찮은 것이라고 했던 것이 언젠가는 그 진수를 보여 천연을 뛰어넘어 세계를 구하는 거야' '긴키대학도 구태의연한 대학계에서 보면 하찮은? 존재일지도 몰라. 하지만, 현재, 굉장한 기세로 정말 바꿀 거야. 케케묵은 대학계요, 깔보다간 큰코다쳐'

이 광고에서는 케케묵은 상식에 얽매인 대학계에 익살스러우면서도 아주 진솔하게 선전 포고를 한 것입니다. 대학계 명사들은 진지하게 받아들이고 싶지 않을지도 모르겠습니다.

과거의 긴키대학은 '방카라' 이미지가 강했지만, 지금은 과거의 그런 감각을 아직 가지고 계시는 분은 모두 연장자들밖에 없을 겁니다.

대학통신인 "대학 찾기 랭킹 북 2017"에 의하면, '개혁력이 높은 대학'으로서 긴키대학이 전국 1위입니다. 닛케이 BP컨설팅의 "대학 브랜드·이미

03. 이것이 긴키대학
홍보부의 실력이다

지知와 땀과 눈물의
긴키대학류 커뮤니케이션 전략

지 조사 2016-2017"(긴키편)에서는 '지금 주목받고 있는 왕성한 대학' '활발한 대학' '챌린지 정신이 강한 대학' '시대를 개척하고 있는 대학' '친근감 있는 대학' 부문에서도 1위가 되었습니다. 안타깝게도 '예의 바르고 품위있는 대학'(33위) '센스 있고 멋있는 대학'(13위) 등의 평가에서는 분발하지 못했지만, 이것은 예상 범위 안입니다.

방카라라는 말은 소설가 나츠메 소세키(夏目漱石)와 나가이 카후(永井 荷風)가 소설에서 처음 쓴 표현인데, '하이컬러'와는 상대적으로 소박하고, 강건하고, 무골하다는 의미로 쓰였다고 합니다. 그런 좋은 의미로서의 방카라의 본질은 앞으로도 놓치고 싶지 않습니다. 최근에는 여대생 수가 늘어나 캠퍼스를 오가는 말쑥한 차림의 젊은이들을 보고 있으면, 저 나름대로 방카라의 껍질을 깨고 있다는 생각도 해 봅니다. 아직 길을 가는 도중이라는 것은 잘 알고 있지만, 확실히 예전과 달라진 긴키대학 브랜드 이미지를 느낄 수 있습니다.

03. 이것이 긴키대학
홍보부의 실력이다

'긴키대학 참치'
성공의 본질은
무엇인가?

"한물간 콘텐츠"를 부활시키다 / 원점은 '바다를 경작하라' /

고난의 연구 사이클 / 화제를 연결하기 위한 홍보 /

1시간 28분짜리 큰 광고 / 참치의 모든 부위가 도로(뱃살) /

'긴키대학'을 전국 편의점에서 볼 수 있다

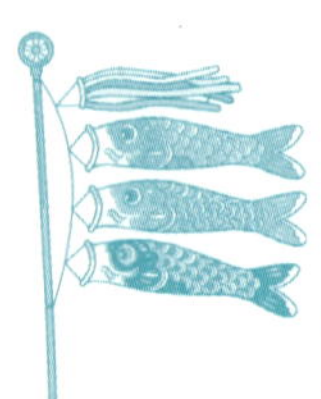

4장

'긴키대학 참치' 성공의 본질은 무엇인가

"한물간 콘텐츠"를 부활시키다

긴키대학을 세간에 강하게 어필하고 인지도를 전국구로 끌어올린 것은 뭐니뭐니 해도 긴키대학 참치입니다. 긴키대학 수산연구소가 세계 최초로 참다랑어 완전 양식에 성공하여 국제적으로도 주목을 받게 된 성과인데도 불구하고, 실제로 제가

지知와 땀과 눈물의
긴키대학류 커뮤니케이션 전략

부임한 2007년 당시 학내에서는 끝난 콘텐츠 취급을 받고 있었습니다.

주위에서도 화제가 되는 일이 거의 없어 담당자에게 물어보았습니다. 대답인즉, '이제 충분하지 않습니까?'였습니다. 기자회견도 대대적으로 열었고, 벌써 몇 년이나 어필해 써 먹었기 때문에 더 이상 효과가 없을 거라는 것입니다.

참다랑어의 완전 양식은 실현 불가능하다고 한 것을 수산연구소가 32년이라는 긴 세월에 걸쳐 이루어낸 쾌거이며 빅 뉴스입니다. 저는 이 과정을 이사장이셨던 부친으로부터 들어 알고 있었기 때문에, 뒷전으로 물러나 있는 이 콘텐츠가 너무 아깝다는 생각이 들었습니다. 설령 학내에서는 이미 한 차례 떠들썩했다고 하지만 학외에서는 그다지 알려져 있지 않았습니다. 당시의 발표 기사 또한 크게 다루어지지 않았던 것을 알 수 있었습니다. 애당초 정보를 전해야 할 대상인 수험생은 매년 새로운 얼굴로 바뀌기 때문에 같은 사람한테 어필하는 것도 아니지 않습니까.

저는 긴키대학 참치를 단순한 연구 성과로만
자리매김하지 않고 연구 성과를 실용화하여 산업
화할 수 있다는 실증 사례를, 긴키대학이 내세우는
실학 교육과 접목시켜 구체적으로 PR할 수 있는 최
강의 콘텐츠라고 생각했습니다. 뒤에서 상세히 말
씀드리겠지만, 거기에는 대학 창립자의 강한 의지
와 연구진들 스스로가 물고기를 팔아가면서 연구
비를 마련해야 했던 눈물겨운 역사가 고스란히 담
겨 있습니다. 그래서 다시 더 새롭고 효과적인 방법
으로 긴키대학 참치를 앞세우려고 결심했습니다.

원래 '완전 양식'이란 바다에서 잡은 천연 치어
를 성어로 키워 산란시킨 다음, 그 알을 다시 인공
부화시켜 태어난 다음 세대를 성어로 키워 산란시
키는 사이클을 되풀이하는 양식법입니다. 그러나
일반적인 '양식'은 바다에서 치어를 잡아 출하할
수 있는 크기로 키우거나, 천연 성어를 일시적으로
활어조에 넣어 살을 찌우는 '축양'이라 불리는 것
을 말합니다.

참다랑어의 경우는 수정란 → 부화 → 자어(물

지知와 땀과 눈물의
긴키대학류 커뮤니케이션 전략

04. '긴키대학 참치' 성공의
    본질은 무엇인가

고기의 유생) → 치어 → 미성어 → 성어의 순으로 성장하지만, 지금까지는 후자의 양식법이 주류였습니다. 즉 천연 자원을 소비하는 것은 마찬가지로 미성어와 성어의 남획을 초래할 수도 있습니다. 반면, 완전 양식은 두 번째 사이클부터는 천연 자원을 해치는 일이 없어지게 됩니다.

희소성으로 '바다의 다이아몬드'로 불리는 참다랑어는 초밥 재료나 회로 사용되는 고급 식재로 알려져 있습니다. 일본은 어획량과 함께 수입량도 세계 1위인 참치 소비 대국이지만, 최근의 일식 인기와 초밥 붐을 배경으로 미국과 유럽 그리고 중국에서도 소비량이 급증하고 있어, 앞으로는 세계적인 쟁탈전의 격화와 천연 자원의 남획이 우려되고 있습니다.

태평양과 대서양의 참다랑어는 이미 멸종 위기종으로 분류되어 국제자연보호연합(IUCN)의 레드리스트에 올라갔습니다. 멸종 위기에 처한 야생 동식물의 국제 거래를 규제하는 워싱턴조약의 대상이 될 가능성도 커졌으며, 어획 제한 또한 해마다 심해지고 있습니다. 이로 인해, 세계 어획량의 80%를 소비하는 일본에 대한 비난은 점점 더 거세지고 있습니다. 그래서 완전 양식을 확립하는 일은 그 무엇보다 중요한 일입니다. 일본은 포획만 하는 것이 아니라 자원을 지키려 노력하고 있다고 주장할 수 있으므로 국제적인 어업 교섭에서 유리한 입장이 될 수도 있습니다.

원점은 '바다를 경작하라'

참다랑어 완전 양식의 쾌거를 이루어낸 긴키대학 수산연구소의 출발은 종전 직후인 식량난 시대로 거슬러 올라갑니다. 긴키대학의 창립자이며 오사카이공과대학(긴키대학 전신) 총장이셨던 조부 세코 코이치가 1948년, 수산연구소의 전신인 임해(臨海)연구소를 와카야마현 시라하마쵸(白浜町)에 설립해 양식 기술 연구에 착수한 것입니다. 신학제에 따른 긴키대학을 창립하기 1년 전의 일입니다.

당시 코이치 총장은 '바다를 경작하라. 일본은

패전으로 인해 국토도 바다도 좁아졌다. 일본 전 국민의 식량을 확보하기 위해서는, 육지의 식량을 증산하는 것만으로는 불충분하다. 바다를 경작하여 해산물을 생산하지 않으면, 일본의 미래는 없다'는 구령을 내렸습니다. 당시의 양식은 잉어와 같은 민물고기가 주류였으며, 바닷물고기 양식은 거의 이루어지지 않았습니다. 게다가 당시에는 바다에서 그물을 던지기만 하면 얼마든지 잡혔기 때문에 어업 관계자들도 진지하게 받아들이지 않았다고 합니다. 그런 시절에 굳이 양식 사업에 나서 해산물을 "생산"한다는 것도 상식에 벗어나는 발상이었습니다.

양식을 시작하면서 코이치 총장은 교토대학에서 우수한 어류 연구자를 발탁해 왔습니다. 그리고 시라하마 연구소까지 데리고 가서는 '하지만, 돈은 없습니다. 연구비는 스스로 마련하시오'라고 딱 잘라 말했다고 합니다. 거기서 연구진들은 자신들이 연구하고 싶은 물고기보다는 소비자들이 찾는 물고기부터 도전할 수밖에 없었습니다. 방어

지知와 땀과 눈물의
긴키대학류 커뮤니케이션 전략

로 시작하여 도미, 전갱이, 넙치 등의 완전 양식을
세계 최초로 성공했습니다.

　수산연구소에서는 양식법의 개선에도 착수하
고 있었습니다. 당시에는 바다가 육지 쪽으로 들어
와 있는 만을 제방으로 막아 양식장으로 삼는 '축
제식'이 주류였지만 공사 기간과 비용이 많이 드는
단점이 있었습니다. 그래서 바다에 띄운 뗏목에서
해저까지 그물을 매달아, 그 그물 안에서 물고기
를 키우는 '그물 활어조 식'을 고안해 냈습니다. 이
방법은 준비하는 시간과 비용도 그다지 들지 않는
탁월한 양식법으로써 국제적으로 많이 보급되어
있습니다. 이 점에서 긴키대학은 세계의 양식 비즈
니스를 개척한 선구자라고 할 수 있습니다.

　참다랑어 완전 양식을 위한 도전이 시작된 것
은 1970년입니다. 여기서부터 긴키대학 수산연구소
의 '어동(魚飼い)'들한테서 들은 고난의 전설로 펜
을 옮깁니다. '어동'이란 생소한 호칭이지만, 방목
하는 양이나 소를 돌보는 목동에 빗대어 양식어를
연구하고 사육하는 그들 스스로가 자부심을 가지

고 부르는 호칭입니다.

연구를 하게 된 계기는 긴키대학을 포함한 8개 대학과 연구기관이 참가하는 수산청의 3년 계획 프로젝트였습니다. 그런데 참다랑어의 완전 양식은 제1단계인 요코와라 불리는 미성어의 포획과 사육 단계에서 심한 어려움을 겪었습니다. 왜냐하면 미성어의 피부가 너무 예민해서 잡을 때 조금이라도 상처가 나면 금방 죽어버리기 때문입니다. 가령 손상하지 않고 활어조로 옮겨 넣었다 하더라도 산소 결핍으로 인해 전멸해 버리는 일이 되풀이되었습니다. 결국 성과를 얻지 못하고 이 프로젝트는 끝나고 말았습니다.

수산청에서 지원하던 연구비도 중단되어 긴키대학 이외의 연구 기관은 차례로 철수해 버렸습니다. 참다랑어의 생태계에는 수수께끼가 많을 뿐만 아니라, 최대 길이 3m 무게 500kg까지 성장하고, 외해(外海)를 끊임없이 헤엄쳐야 하는 특징이 있어 사람이 사육하기에는 불가능하다는 인식이 지배적이었습니다.

지知와 땀과 눈물의
긴키대학류 커뮤니케이션 전략

전후 얼마 뒤인 1948년에 설립된
수산연구소의 전신인 임해연구소

그러나 긴키대학은 실현 가능하다는 자신감을 가지고 연구에 연구를 거듭했습니다. 앞서 완전 양식에 성공한 방어와 도미, 그리고 전갱이의 판로가 확보된 덕에, 이들 생선을 판 돈으로 연구비를 충당했습니다. 대학에서 생선을 파는 행위가 그 당시에는 비상식적으로 여겨졌습니다. 연구자들 사이에서는 '긴키대학에 가면 생선까지 팔아야 한다'는 소문까지 나돌았다고 합니다. 그러나 먹어서 맛

있는 양식어가 아니면 도매업자들이 구입하지 않습니다. 트럭에 생선을 싣고 시장에 다니면서 업자들에게 솔직한 맛의 평가를 구해가면서 팔릴 만한 양식어를 출하해 온 경험이 현재의 질 높은 양식 기술을 확립하는 밑거름이 되었습니다.

덧붙여 말하면, 긴키대학은 도미나 전갱이 같은 치어도 양식업자에게 팔고 있습니다. 팔리는 이유는 긴키대학이 출하하는 치어는 다른 곳에서 자란 치어보다 성장이 빠르기 때문입니다. 성장이 빠른 개체들끼리 교배시키는 선발 육종이라는 수법으로 인해 20여 년에 걸쳐 서서히 빨라졌다고 합니다. 현재는 완전 양식 기술을 전국의 양식업자들도 가지고 있기 때문에 긴키대학의 물고기를 구입해 자신들의 연구소에서 그 다음 세대를 만드는 경우도 있습니다. 긴키대학 연구진에 의하면, 현재 일본에서 유통되고 있는 양식 도미의 99.9%는 긴키대학의 DNA를 이어받은 것이라고 합니다.

지知와 땀과 눈물의
긴키대학류 커뮤니케이션 전략

고난의 연구 사이클

긴키대학의 '어동'들은 참다랑어 미성어가 상처나지 않도록 개량에 개량을 거듭한 결과, 1974년 마침내 미성어 사육에 성공했습니다. 다음은 미성어를 성어로 키워 산란시키는 단계로 넘어갑니다. 이때의 그 미성어가 5년 후인 1979년에는 길이 1.5~2m, 체중 50~100kg의 참치로 성장했습니다. 성장한 참치가 산란하여 약 160만 개의 채란(採卵)에 성공했습니다. 연구를 시작한 지 실로 10년째가 되는 해였습니다.

드디어 최종 단계로 접어들었습니다. 이 알이 자라 성어가 되어 산란하면 완전 양식이 이루어지는 것입니다. 그러나 그때부터 한층 더 어려운 국면에 처하게 되었습니다. 알에서 부화시킨 유생이 전멸해 버리고 만 것입니다. 헤엄칠 힘이 약한 유생이 수면으로 떠밀려 올라와 죽거나, 반대로 야간에는 유영 활동이 약해져서 활어조 밑바닥으로 가라앉아 몸에 상처를 입어 죽기도 했습니다.

게다가 그 후 11년 동안은 산란조차 하지 않았습니다. 그럼에도 불구하고 연구를 계속할 수 있었던 것은 참치 이외의 양식어를 판 돈으로 연구비를 충당할 수 있었기 때문입니다. 특히 참돔은 연간 1천만 마리 이상의 치어를 양식업자에게 팔 수 있었습니다.

그러나 참치 연구는 완전히 궁지에 몰리고 말았습니다. 1993년 무렵에는 연구소 측에서도 포기할 수밖에 없다고 판단하여, 당시 2대 총장이셨던 백부 세코 마사타카(世耕 政隆)와 상담했다고 합니다. 그때 큰아버지께서는 '생물에 대한 연구는 긴 안목이 필요합니다'라며 격려하셨다고 합니다. 덕분에 이듬해인 1994년에 산란이 확인된 것을 보면 포기하지 않은 게 얼마나 다행인지 모릅니다. 연구에 대한 장기적인 안목을 가지고 있었던 긴키대학의 자세를 나타내는 에피소드가 아닐까 싶습니다.

오랜 기간 동안 산란을 하지 못했던 원인이 실험장이 있는 와카야마현의 바닷물 온도가 낮은 것이었습니다. 이곳은 참치가 산란할 수 있는 북쪽 한계에 가까워, 현재도 참치가 산란하기에는 수온이 너무 낮은 해가 10년 중에 3~4년은 있다고 합니다. 하지만 11년이라는 시간은 너무 길었던 게 아닌가 싶습니다.

실은 최초의 산란이 시작된 때가 해질녘이었기 때문에, 초창기에는 오후 7시쯤까지 관찰하다가 산란의 징조를 보이지 않으면 체념하고 활어조 곁을 떠났다고 합니다. 그런데 그 후의 실적을 보면 오후 9시~10시에 산란이 시작된 적이 많았음을 알 수 있었습니다. 조금만 더 늦은 시간까지 기다렸더라면 좀 더 일찍 산란을 확인할 가능성도 있었겠지요. 참고로 말하면, 현재는 '알 캐처'라는 장치로 야간에 산란이 시작되어도 채란할 수 있는 설비를 갖추고 있습니다.

12년 만에 알에서 부화한 미성어는 활어조에 산소를 공급하는 방법으로 물위에 떠서 죽거나 가라앉아 죽는 일은 없었지만, 또 새로운 문제가 발생했습니다. 성장이 빠른 유생이 성장이 느린 유

04. '긴키대학 참치' 성공의
본질은 무엇인가

생을 잡아먹는 일이었습니다. 유생의 동족상잔은 다른 양식어에서도 볼 수 있는 일이지만 참치 유생의 식욕은 다른 여느 어류에 비해 훨씬 왕성했습니다. 결국 크기가 다른 유생을 선별하여 각각 다른 활어조에서 키우는 방법을 택해 5cm 정도의 치어로 키우는 데 간신히 성공했습니다. 그리고 나서, 육지의 수조에서 해상의 활어조로 옮기는 오키다시(沖出し)까지 겨우 당도할 수 있었습니다.

그런데 이번에는 활어조로 옮긴 치어가 죽어버리는 참사가 일어났습니다. 치어가 활어조의 그물에 부딪혀 목이 부러진 것입니다. 살펴본 결과, 옥외에서는 자동차의 헤드라이트와 천둥 번개의 섬광과 같은 야간의 돌발적인 빛으로 인해, 치어가 패닉을 일으켜 둘러싼 그물에 충돌하는 일이 발생한 것입니다. 새로운 난제로 인해 활어조 안의 치어도 1년이 되기도 전에 전멸해 버리고 말았습니다.

나중에서야 안 일이지만, 참치의 치어는 꼬리지느러미가 발달해서 속도가 빠른 반면, 방향 전환이나 감속을 위한 배지느러미와 가슴지느러미의 발달이 늦다는 것이었습니다. 이른바 고성능 엔진을 탑재한 슈퍼 카에 브레이크와 핸들이 달려 있지 않다고 하면 쉽게 이해하시겠습니까? 게다가 성어만큼 시력이 발달하지 않아 야간의 어둠이 충돌의 원인이라는 것도 알아냈습니다. 그리고 먹이가 맞지 않거나, 급격한 온도 변화에 약하고, 활어조가 좁다는 조건도 치어가 죽는 이유임을 밝혀낼 수 있었습니다.

이듬해 1995년, 그리고 1996년의 산란에서는 지금까지의 실패를 거울삼아 해상의 활어조를 크게 만든 데다가 야간에도 조명을 이용해 밝기를 유지하고, 주위를 차광지로 덮는 등 패닉을 억제하는 대책도 마련했습니다. 물론 충돌사도 많이 감소했습니다. 온도 관리와 먹이에 한층 더 세심한 주의를 기울이면서 연구를 거듭한 결과 생존율도 크게 높아졌습니다.

그로부터 7년 후, 1995년에 태어난 6마리와 1996년에 태어난 14마리가 살아남아 산란해도 무방할 정도의 성어로 성장했습니다. 이들 20마리를

04. '긴키대학 참치' 성공의
본질은 무엇인가

같은 활어조에서 사육한 결과, 드디어 그 순간이 찾아왔습니다. 2002년 6월 23일 대망의 산란이 확인된 것입니다.

이 성과로 인해 2003년에는 문부과학성의 '21세기 COE프로그램'에 선정되어 10억 엔이 넘는 조성금을 획득하여 연구에 한층 더 박차를 가했습니다. 그리고 2004년에는 긴키대학 참치를 처음으로 시장에 출하할 수 있게 되었습니다.

실학 교육이란, 학문은 마땅히 사회에 도움이 되어야 한다는 가치관으로 교육하는 것입니다. 독창적인 연구를 실용화하여 산업계에 공헌하고, 거기서 확보한 수익으로 또 다른 연구에 투자함으로써 독창적인 연구 성과로 이어지는 게 아니겠습니까. 이것이 긴키대학의 연구 사이클이라고도 할 수 있습니다. 바로 참다랑어의 완전 양식은 실학 교육의 상징이라고 하는 이유가 바로 여기에 있습니다.

지知와 땀과 눈물의
긴키대학류 커뮤니케이션 전략

화제를 연결하기 위한 홍보

긴키대학 참치가 새롭게 부상하는 기폭제가 된 것은 2013년에 오사카 우메다(梅田)의 그랑프런트오사카와 도쿄 긴자(銀座)의 코리도가이에 오픈한 양식어 전문 요리점 '긴키대학을 졸업한 기슈(紀州)의 선물 긴키대학수산연구소'가 아닐까 싶습니다.

국내 대학으로서는 최초로 직영 요리점 사업에 나서 산토리그룹과 공동으로 운영하고 있습니다. 긴키대학의 실험장에서 몸소 돌보아 키운 양식어를 가장 맛있게 먹을 수 있는 조리법으로 제공하고 있습니다. 참치는 물론 참돔, 잿방어, 방어, 전갱이 등 긴키대학이 완전 양식에 성공한 어류들이 준비되어 있습니다.

통상적인 대학의 어류 연구는 생물학적으로 물고기를 탄생시켜 치어로 자라면 그만인지 모르겠지만, 실학 교육을 내세우는 긴키대학의 연구는 소비자들의 입에 들어가 맛있다는 말을 들을 수 있는 수준까지 시행착오가 이어집니다. 직영점 사업은 그 연구 성과를 소비자에게 직접 제공하는 산학 제휴의 시도입니다.

직영점 아이디어는 산토리의 신입사원이 예고도 없이 수산연구소를 찾아가 '긴키대학 양식어를 제공하는 레스토랑을 내지 않겠습니까?'라고 제안한 것이 계기가 되었습니다. 연구진들은 이전부터 '양식어의 맛과 안전성을 더 많은 사람에게 알리고 싶다'는 생각을 하고 있었던 터라 크게 환영했습니다. 당시 이사장이었던 형 히로시게에게 타진하자 즉석에서 OK 사인이 떨어졌으며, 음식점 상호라고 하기엔 좀 어색한 명칭인 "긴키대학수산연구소"도 형 자신이 결정한 것입니다. 2011년에는 점포의 기획과 운영에 대해 긴키대학과 산토리와의 제휴가 결정되어 그랑프런트오사카에 직영점을 내는 것 역시 순조롭게 구체화되었습니다.

긴키대학이 직영 사업에 손을 댄 데에는 또 다른 이유가 있었습니다. 그것은 양식에 대한 편견을 없애는 것입니다. 그때만 해도 '어류는 천연물이

지知와 땀과 눈물의
긴키대학류 커뮤니케이션 전략

04. '긴키대학 참치' 성공의
본질은 무엇인가

양질'이라는 선입견이 뿌리 깊어 양식류에 대한 평가가 높지 않았습니다. 자연산은 손님에게 대놓고 드러내면서 양식은 알리고 싶지 않아 숨기기에 급급했습니다.

그러나 생각해 보면 육류나 과일, 그리고 야채에서 천연을 요구하는 일은 없습니다. 소고기에서 들소를 소중히 여기지도 않으며 사육된 것을 당연히 먹고 있습니다. '고베(神戶)비프'나 '마츠자카(松坂)쇠고기'와 같은 브랜드 고기를 봐도 먹이나 사육 환경을 관리한 쪽이 더 맛있다는 것은 두말하면 잔소리 아니겠습니까.

그런데 물고기는 왠지 자연산 즉 천연을 더 좋아합니다. 저희는 그 주변의 상식과 비상식의 스위치를 싹 바꾸어 놓는 계기로 삼고 싶은 것입니다.

과거의 양식업계에서는 항생제 과잉 투여와 같은 문제가 있었던 것도 사실입니다. 그것이 부정적인 영향을 준 것일까요. 그러나 최근에는 기술이 향상되고 사육 환경과 먹이가 개선되어 과거의 상황과는 완전히 바뀌었습니다. 그러나 '양식어가 맛

있어졌어요'라고 한들 얼마나 전해지겠습니까? 그렇다면 실제로 먹을 수 있게 준비해 맛있다는 것을 실감시키는 일이 양식어에 대한 이미지를 바꾸는 지름길이라고 생각한 것입니다. 젊은 여성들이 사진을 찍어 SNS에 올려 세간으로 확산시켜 줍니다.

레스토랑에서는 회를 담은 접시에 '이 참치는 긴키대학교 양식 과정을 우수한 성적으로 졸업했다'는 취지의 졸업증서를 곁들이고 있으며, 카운터에 놓여 있는 태블릿 단말기에서 인터넷으로 연결하면 생산자와 사육 장소, 먹이, 투약 이력까지 기록된 상품 정보도 볼 수 있습니다.

실제로 식품의 안전성이라는 관점에서 보면 양식어가 천연어보다 신뢰성이 훨씬 높다고 할 수 있습니다. 자연계에서는 참치와 같은 바다의 생태계 상위에 속하는 생물일수록 생물 농축에 의해 수은이 많이 축적되는 문제가 있으며, 해양 오염이 빠르게 진행되는 근래에는 광범위하게 유영하는 참치류가 어떤 해역을 돌아다니며, 무엇을 먹었는지 파악할 수 없습니다.

04. '긴키대학 참치' 성공의
본질은 무엇인가

미국이나 유럽에서는 지속적으로(sustainable) 해산물을 제공하는 음식점의 평가가 높다고 합니다. 저희는 언젠가 미국 뉴욕에 직영점을 오픈할 꿈을 가지고 있습니다. 아무튼 수산연구소에서 양식된 물고기들은 어디서 출생해 어디서 자랐으며, 무엇을 먹고 성장한 것인지를 철저히 관리하여 완전한 이력 관리(traceability)를 실천하고 있습니다.

직영점 자체가 긴키대학의 강력한 홍보 도구임에는 틀림없습니다. 홍보부의 실력을 볼 수 있는 곳이기도 합니다. 저는 학내에 프로젝트 팀을 결성해 제가 팀장이 되어 PR 전략에 착수했습니다. 무엇보다도 오픈 첫날 취재진을 몰려오게 하는 일에 주력했습니다. 언론이 흥미를 느낄 수 있을 만한 스토리를 구성해 언론사로 뉴스 릴리스를 발신했습니다.

문예학부 예술학과에서 도예와 유리공예를 전공하는 조형예술전공 학생들이 레스토랑에서 사용할 그릇을 만들고, 그 과정을 뉴스 릴리스로 제공해 갔습니다. '오늘 레스토랑에서 사용할 그릇을 가마에서 꺼냅니다' '갓 구워낸 식기를 레스토랑에

지知와 땀과 눈물의
긴키대학류 커뮤니케이션 전략

납품했습니다'와 같은 내용입니다. 그리고 레스토랑의 메뉴 개발에도 농학부 식품영양학과 학생들이 참가해 개발 프로세스를 소개했습니다.

애초부터 그랑프런트오사카는 JR오사카 역과 직결되는 명당자리 '우메키타(梅北)'에 개업하는 복합상업시설로 주목받고 있었습니다. 많은 숍과 음식점이 동시에 오픈하기 때문에 보도진들이 대거 몰리리라 예상했습니다.

오픈을 알리는 뉴스 릴리스는 이미 반 년 전에 배포했기 때문에 오픈 당일까지 아무것도 하지 않으면 언론의 기억에서 사라질 것은 뻔한 일이었습니다. 그래서 어떻게든 동시에 오픈하는 점포 중에서 가장 많은 취재를 받고 싶었습니다. 그런 까닭에 언론이 쉽게 취재할 수 있도록 개점과 관련되는 스토리를 지속적으로 발신했습니다. 오픈 당일 외에 언론 관계자들이 취재하러 오는 일은 거의 없습니다. 식기와 메뉴의 움직임이 있으면 간헐적인 취재에도 대응할 수 있을 뿐만 아니라 오픈까지의 화제를 연결하는 일에도 도움이 되리라 생각했습니다.

이윽고 오픈 당일이 되었습니다. 긴키대학 직영점은 취재나온 모든 매스컴에 거론되었습니다. 대학 직영이라는 흔치 않은 점을 어필한 기사가 대부분이었지만 양식어의 안전성을 바탕으로 심도 있게 다룬 특집기사도 있었습니다.

그 다음에는 긴키대학 참치를 맛보고 싶어 하는 사람들의 행렬이 장사진을 이루었습니다. 오픈 1년 만에 12만 5천 명이 찾았으며, 당초에 예상했던 9만 명을 훨씬 웃돌았습니다. 매상 또한 당초 계획의 1.5배를 달성했습니다. 시작할 때는 다 팔지 못하면 가까운 백화점에서 판매하려는 계획도 세웠지만, 그 걱정은 기우였을 뿐 아니라 도저히 공급을 따라잡지 못할 정도입니다. 지금도 예약하기가 무척 힘든 레스토랑으로 이름나 있습니다.

1시간 28분짜리 큰 광고

실학 교육을 내세운 긴키대학은 학문이란 사회에 공헌함으로써 빛이 발한다고 생각합니다. 세

지知와 땀과 눈물의
긴키대학류 커뮤니케이션 전략

계적으로 참다랑어 쟁탈전과 천연자원의 불법 남획이 우려되는 가운데, 저희는 현재 대기업인 도요타통상(豊田通商)과 손잡고 긴키대학 참치 대량 생산화 단계에 들어갔습니다. 완전 양식이라는 연구 성과를 실용화하여 양식 산업에 이바지하고 있습니다.

도요타통상은 2010년 6월, 나가사키현 고토시(長崎県 五島市)에 자회사인 '참치드림고토'를 설립해, 세계 최초로 긴키대학이 키운 치어를 미성어로 성장시켜 양식업자에게 출하하는 중간육성사업을 시작했습니다. 긴키대학은 고토시에도 연구진을 파견해 부화와 치어를 육성하는 노하우를 제공하고 있습니다. 기존의 양식업자들과 경쟁하는 것이 아닙니다. 2019년에는 양식업자들에게 미성어 30만 마리 출하를 목표로 노력하고 있습니다. 이렇게 되면 긴키대학이 독자적으로 출하하는 분량을 포함해 국내 양식용 종묘의 많은 부분을 긴키대학이 조달하는 셈이 됩니다.

이 공동 사업이 시작된 것도 도요타통상의 경

리부 소속인 신입사원이 긴키대학 참치 개발 스토리를 다룬 TV 방송을 보고 사내 신규사업 공모 제도에 응모한 것이 계기가 되었습니다.

마침 수산연구소도 긴키대학 참치 대량 생산을 검토하고 있던 시기였습니다. 다른 대기업 상사 계열 수산회사에 공동 사업을 타진했지만 아주 쌀쌀맞게 거절당한 터였습니다. 그런 만큼 자본력 있는 회사로부터 손을 잡자는 제의를 받았으니 크게 환영할 수밖에 없었던 것입니다.

다만 긴키대학에서도 고난의 연속이었던 것과 마찬가지로 민감한 참치의 중간육성은 만만한 사업이 아니었습니다. '참치드림고토'에서도 첫해에 출하한 미성어의 생존율은 고작 2%에 그쳤다고 합니다.

이제는 이 공동 사업도 확대되어 '참치드림고토'의 인접지에서 수정란을 인공 부화시켜 치어로 키우는 다른 자회사 '참치드림고토종묘센터'를 설립했습니다. 중간육성 시설에 가까운 장소에서 치어를 키워 운송 중의 사망 리스크를 최대한 줄여

보자는 목적이었습니다.

그 제휴 확대를 위한 각서 체결을 발표하는 기자회견이 2014년 7월 도쿄에서 열릴 예정이었습니다. 여기서부터가 홍보부 차례입니다. 특별 이벤트로서 아오모리현(青森県) 오마(大間)의 천연참치와 긴키대학 양식참치의 맛을 비교하는 이벤트를 기획했습니다.

도쿄 긴자의 노포 스시맛집인 '긴자큐베에(銀座久兵衛)'의 점주 이마다 요스케(今田 洋輔) 씨 등 일류 장인이 만든 스시를 미디어 관계자들이 천연과 양식을 번갈아 먹을 수 있게 준비했습니다. 이렇게 한 이유는 취재진이 취재 때마다 '긴키대학 참치는 천연 참치 맛과 어떻게 다르냐'는 질문을 받았기 때문입니다. 이번 회견에서도 같은 질문이 나올 것을 예상해 실제로 먹어볼 수 있게 하는 것이 이해가 가장 빠르고 설득력도 있으리라 생각했습니다.

이마다 씨와는 그전에도 백화점 이벤트에서 함께 한 적이 있었는데, '긴키대학 참치는 천연 참치에 비해 운동량이 적기 때문에 색다른 맛이 있다, 그리고 지방질이 많아서 도로(뱃살)를 좋아하는 사람이라면 만족할 것이다. 천연과 함께 내놓아도 구별할 수 없을 것이다'는 평가를 받은 적이 있었습니다. 취재 기자들에게는 실제로 먹어보고 맛을 비교시켜 질문의 답을 그들 스스로가 찾도록 했습니다. 저희로서는 색다른 맛이 전해지면 그걸로 충분하기 때문입니다.

그리고 신문이나 TV 보도 부문뿐만 아니라 예능·오락 프로그램과 스포츠 신문은 물론 인터넷으로 정보를 발신하는 블로거들도 초대했습니다. 온라인상에서는 개인의 입소문이 상당한 영향력을 발휘하는 점을 고려해 더 많은 정보 채널을 확보하기 위한 것입니다. 뚜껑을 열어보니 전국지와 업계지, 스포츠지는 물론이고 NHK 국영방송에서 민간방송에 이르기까지 전국적인 뉴스로 다루어졌습니다. 다음날 아침 버라이어티 쇼에서는 배우 겸 텔런트인 고·아토 카이(故·阿藤 快) 씨가 출연하여 멋들어진 맛집 리포트도 방송되었습니다.

결국 TV 노출을 모두 합하면 18개 프로그램이었고, 방송된 시간을 계산해 보니 1시간 28분이었습니다. 만약 긴키대학에서 이 정도의 시간을 TV 광고로 내보낸다고 가정하면 얼마나 막대한 금액이 필요할지는 여러분도 쉽게 상상하실 겁니다. 천연 참치와 긴키대학 참치를 미디어 관계자들에게 대접하고도 남는 장사를 한 셈입니다.

도요타통상의 가루베 준(加留部 淳) 사장은 힘찬 어조로 '사회에 끼치는 영향이 큰 사업이다. 긴키대학 참치를 세계로 진출시키는 사업도 계획 중이다'고 말씀하셨습니다. 장래에는 완전 양식의 생산 거점이 해외로 진출하는 사업도 검토되고 있습니다.

예전 만큼의 인기는 없지만, 매년 새해 첫 경매는 천연 참치의 고액 낙찰 가격이 화제입니다. 세계적으로 소비자는 증가하고 자원이 고갈되는 점을 감안하면, 일본 사람들이 지금처럼 참치를 마음껏 먹을 수 없는 날이 올지도 모릅니다. 그런 날과 조우하지 않기 위해서도 긴키대학의 참치 양식 사업

04. '긴키대학 참치' 성공의
본질은 무엇인가

은 큰 의미가 있는 것입니다.

참치의 모든 부위가 맛있는
도로(뱃살)

'어동'들에 의한 긴키대학 참치 연구는 완전 양식 달성으로 끝나지 않고 계속 진화하고 있습니다. 참다랑어 DNA 연구에 바탕을 둔 품종 개량도 진화의 하나입니다. DNA 기술로 인해 긴키대학 참치는 혈액 한 방울, 비늘 한 장, 지느러미 끝을 조금 자르는 것만으로 유년기에 암수의 판별이 가능하게 되었습니다.

이 기술을 응용해 암수가 많은 어군을 만들 수 있게 되었으며, 그 결과로 산란의 효율을 높일 수 있게 되었습니다. 이 또한 세계 최초로 이루어 낸 성과입니다. 그러나 긴키대학 참치가 아닌 다른 참치에서는 적용할 수 없다는 점이 앞으로의 과제이기도 합니다.

DNA 기술을 활용하여 참치의 성장을 촉진하

지知와 땀과 눈물의
긴키대학류 커뮤니케이션 전략

고 사육 기간을 단축하는 연구에도 전념하고 있습니다. 성장 속도는 혈통에 따라 다르며, 그 성질은 유전됩니다. 그런 특징을 DNA 속에서 찾아내어, 성장 속도가 빠른 성질을 가진 참치들끼리 무리를 만들어 주면, 거기서 태어난 다음 세대의 성장도 빨라집니다. 그중에서 또 성장 속도가 빠른 놈을 선별하면 보다 더 성장 속도가 빨라지게 되는 것입니다. 앞에서 언급한 참돔 양식에서는 이미 확립된 수법입니다. 몇 세대에 걸쳐 사육한 결과 처음보다 2.5배 정도의 속도로 성장한다고 합니다. 같은 방법으로 질병에 강한 혈통을 선별할 수도 있게 되었다고 합니다.

또한 품종을 개량하는 방법으로 참치의 도로(뱃살) 비율을 늘리는 것도 가능하다고 합니다. 육우에서는 차돌박이 부위를 늘릴 수 있는 차돌박이 유전자가 발견되었습니다. 고급 사료를 많이 먹인다고 해서 차돌박이가 되는 것이 아니고, 차돌박이 소질을 가진 특정 혈통이 아니면 양질의 차돌박이가 되지 않는다고 합니다. 참치도 DNA 기술로 특색 있는 혈통을 찾아내 품질 개량을 하면 언젠가는 모든 부위가 추토로가 되거나 살코기가 되는 참치도 생산할 수 있을지 모를 일입니다.

오해가 생길지 몰라 말씀드리지만, 수산연구소는 양식에서 DNA 기술을 사용하지만 유전자 변이는 하지 않습니다. 소비자의 입으로 들어가는 것이기 때문에 식품으로서의 안전성이 확보되지 않은 일은 하지 않습니다. 게다가 물고기들이 활어조에서 달아나는 경우를 생각하면, 천연의 생태계에 지금까지 없었던 생물을 방류하는 격이 되고 맙니다. 그래서 품질 개량은 원래 존재하고 있는 물고기에서 좋은 소질을 가진 놈을 선별하는 수법을 채용하고 있습니다. 원래 천연에서 살던 물고기였기 때문에 식품으로서 안전할 뿐만 아니라 생태계에 영향을 미칠 우려도 없습니다.

지知와 땀과 눈물의
긴키대학류 커뮤니케이션 전략

'긴키대학'을 전국 편의점에서 볼 수 있다

긴키대학 참치는 직영점에서 제공하는 것만으로 그치지 않고, 연구 성과에 못지 않은 전개를 보이고 있습니다. 2014년에는 컵라면 회사 에스콕과 제휴하여 긴키대학 참치의 등뼈를 곤 국물을 사용한 컵라면 '긴키대학수산연구소 감수 긴키대학 참치 등뼈 국물 라멘'을 발매했습니다.

상품명에도 쓰여있는 '등뼈'는 직영점의 참치 요리에서 사용하지 않는 부위입니다. 이제까지는 버려진 부분을 유용하게 활용함으로써 환경 의식이 높은 제품으로 어필하기 위해 긴키대학 쪽에서 에스콕에게 상품 개발을 제안한 것입니다. 뼈를 고아낸 엑기스를 수프로 사용했기 때문에 진하고 구수한 맛을 즐길 수 있게 완성했습니다.

제1탄에서 생산한 약 150만 개가 2개월도 채 되지 않아 완판되었습니다. 이어 2015년에는 제2탄으로 컵라면 '긴키대학 참치 등뼈 국물 담백한 어

04. '긴키대학 참치' 성공의
본질은 무엇인가

패류 라멘', 2016년에는 제3탄 컵라면 '슈퍼 컵 1.5배 긴키대학 참치 사용 생선 국물 카레 우동'을 수량 한정으로 출시하고 있습니다. 제3탄은 오사카의 우동 맛집으로 소문난 '츠루통탄'이 감수를 맡아 참치의 짙은 맛을 흡족하게 즐길 수 있는 우동으로 완성해 수제 우동에 가까운 식감을 실현했다는 평가를 받았습니다.

대기업 과자 메이커인 UHA미카쿠토(味覚糖)와는 2016년에 긴키대학 참치에서 추출한 생콜라겐을 사용한 화장품 '립스크럽'을 개발해 판매하고 있습니다. 긴키대학 참치에서 나오는 콜라겐은 시판되는 다른 것에 비해 약 2배의 보습 효과가 있다고 해서 립크림으로 실용화했습니다. UHA미카쿠토에서는 이 콜라겐을 사용한 건강식품 '구미사프리'도 제조하고 있습니다. 그리고 효고현 히메지시(兵庫県 姫路市)의 피혁제품 기획 제조회사에서는 긴키대학 참치 껍질을 사용한 지갑, 열쇠케이스, 명함집을 개발하고 있습니다. 직영점에서 폐기 처분하던 참치 껍질을 자원으로 활용하는 사업에 착

수해 비늘 모양의 색다른 질감이 호평을 받고 있습
니다.

그리고 대형 회전초밥 체인점인 아킨도스시로
에서는 '긴키대학산' 양식 참치를 메뉴로 채용했습
니다. 긴키대학산이란, 긴키대학이 출하한 미성어
를 양식업자가 성어로 키운 참치를 말합니다. 외식
산업에서 스시 재료인 참치가 긴키대학산 양식어라
는 것을 숨기지 않고 사용하는 단계까지 왔다는 것
은 천연어에 대한 신앙
이 강하게 남아있던 업
계의 상식이 바뀌었음을
대변하는 것인지도 모릅
니다.

비로소 긴키대학 참
치는 뼈와 껍질마저도
빠짐없이 산업화하는 수
준에 도달했습니다. 그
러나 저희가 노리는 것
은 상품 포장에 '긴키대

04. '긴키대학 참치' 성공의
본질은 무엇인가

학 참치'라고 쓰인 많은 제품이 모든 소비자의 손에 들어가는 것입니다. 컵라면과 화장품이 전국의 편의점이나 드럭스토어의 진열대에 올려지고, 회전초밥 레인에서 돌아간다면, 긴키대학을 모르는 사람들도 관심을 갖는 계기가 될 것입니다. 결과적으로 맛과 품질에도 만족한다면 더할 나위 없는 호감으로 이어져 긴키대학의 지명도를 높이는 일에 공헌하게 될 것입니다.

지금까지의 연구와 사업을 전개한 이야기를 토대로, 거대한 긴키대학 참치가 산꼭대기로 얼굴을 내미는 디자인에 '고정개념을, 깨부수다'라는 캐치프레이즈를 곁들인 전면 광고를 떠올려 보십시오.

'웃는 녀석도, 비웃는 녀석도, 있을지 모르겠다. 그러나 우리는 부도(不倒)의 정신으로 해낼 것이다. 케케묵은 고정개념을 깨부술 것이다. 불가능을 가능케 하는 것이 긴키대학이니까'

이와 같은 위압적인 메시지를 어필할 수 있었던 것은, 실현 불가능하다는 질책을 듣고 '연구자가 생선을 팔아야 한다'는 비웃음까지 사면서도

지知와 땀과 눈물의
긴키대학류 커뮤니케이션 전략

포기하지 않고 참다랑어 완전 양식을 성공시킨 자부심이 있기 때문입니다.

세간에서는 긴키대학이 간간도리츠라는 고정화된 대학 서열에 도전하는 것을 꿈 같은 이야기라고 할지도 모릅니다. 하지만 비상식을 상식으로 바꿔놓은 실적과 저력이 있는 긴키대학이기에 불가능하게 보이는 일도 가능하게 만들 수 있다고 생각하는 것입니다.

초창기에는 긴키대학 참치를 어필하려고 하면, 한 연구 주제에 편중된 광고와 홍보는 바람직하지 않다는 반대 목소리가 학내에서 올라온 적이 있었습니다. 그런 말을 한다면 긴키대학 전체에서는 수백 가지가 넘는 주제를 연구하기 때문에, 오히려 아무것도 할 수 없게 되어 버립니다. 모든 것을 평등하게 어필하려면 무엇을 전해야 할지 도리어 더 어려워지고 맙니다.

다만 자신있게 말할 수 있는 것은 긴키대학 참치를 끈질기게 세간으로 발신하지 않았다면, 산토리그룹이나 도요타통상의 신입사원이 그와 같은

04. '긴키대학 참치' 성공의
본질은 무엇인가

사업성에 착안하지도 못했을 뿐더러 접근조차 못했을 거라는 겁니다. 아는 사람은 다 아는 식의 연구로는 이렇게까지 광범위한 산업 분야에서 성공하지 못했을 것입니다. '한물간 콘텐츠' 취급을 하지 않았던 게 얼마나 다행인지 모릅니다.

지知와 땀과 눈물의
긴키대학류 커뮤니케이션 전략

입학식과 졸업식은 최강의 홍보 콘텐츠

본의 아니게 입학한 학생들의 기분을 읽는다 /
일선에서 활약하는 OB가 있었다 /
츙쿠♂ 씨에게 전적으로 위임하다 /
성대 적출이라는 충격적인 고백 /
스티브 잡스를 능가한 호리에몽

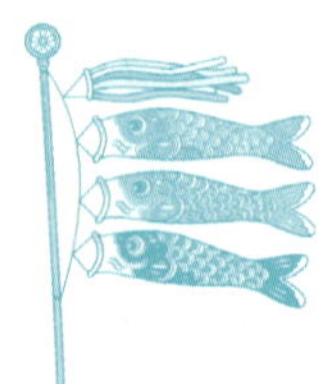

5장

입학식과 졸업식은 최강의 홍보 콘텐츠

본의 아니게 입학한 학생들의 기분을 읽는다

긴키대학교 입학식을 본 적이 있으십니까? 인터넷에 동영상으로 올라와 있으니 재미 삼아 한 번 보시길 권합니다. 제가 기획 운영 책임자가 된 2014년도 입학식부터는 긴키대학 OB인 음악 프로

듀서 충쿠♂ 씨에게 기획을 맡겨, 학내 오디션에서 선발된 여대생 아이돌 유닛 'KINDAI GIRLS(긴다이 걸스)'가 춤추며 노래하는, 보통 대학에서는 생각조차 할 수 없는 입학식을 개최하고 있습니다.

깜짝 게스터도 등장하는 등 공들여 꾸민 무대는 "지나치게 화려한 입학식"이라 불리기도 하지

05. 입학식과 졸업식은
최강의 홍보 콘텐츠

만, 약 7천 명의 신입생들이 모이는 히가시오사카 캠퍼스의 식장은 열기로 달아오릅니다. 특히 2015년도 입학식은 츙쿠♂ 씨가 후두암 수술로 성대를 적출했다는 사실을 고백한 장소가 되어 전국적인 뉴스로 나가게 되었습니다.

일반적인 대학의 입학식이라면 학장, 내빈, 재학생 대표, 신입생 대표의 인삿말이 끝없이 이어지는 바람에 신입생들은 수마와 싸우는 시련을 겪지 않습니까? 단지 그것이 상식이라서 일까요? 긴키대학이 엔터테인먼트적인 요소를 담은 입학식을 치르고 나면 어김없이 '대학의 본분은 학문이 아니냐'는 식의 비판을 듣습니다.

최고학부의 입학식이나 졸업식은 엄숙해야 한다는 사고방식의 교육 관계자들이 보면 비상식적으로 비칠 수도 있을 겁니다. 긴키대학 입학식을 이런 비판과 세트로 이야기하는 경우가 많은 것도 잘 알고 있습니다. 지나치게 화려한 연출을 하는 데에는 그럴만한 이유가 있습니다.

'본의 아니게 입학한 학생…' 잘 아시겠지만 일

지知와 땀과 눈물의
긴키대학류 커뮤니케이션 전략

217

05. 입학식과 졸업식은
최강의 홍보 콘텐츠

본에서 제1지망 대학에 합격하는 학생은 소수에 불과합니다. 대부분의 수험생은 희망하는 대학에는 떨어질까 봐 원서조차 넣지 않고 포기하거나, 시험에 떨어져 어쩔 수 없이 제2지망 대학으로 진학하는 경우가 많습니다. 가고 싶은 대학에 들어가지 못해 실의에 빠진 학생들이 의외로 많은 것이 현실입니다. 이런 본의 아니게 입학한 학생 수가 긴키대학에도 약 30%를 차지하고 있음을 설문조사를 통해 알게 되었습니다. 그들이 대학생활의 동기를 찾지 못한 채 유급하거나 자퇴하는 케이스가 많은 것도 추적 조사의 결과로 명백히 나타납니다. 이것은 본인과 대학만의 책임이 아닙니다. 고교 현장이나 입시관계처가 케케묵은 서열 그룹을 바탕으로 만든 브랜드를 너무 중시한 나머지, 수험생에게 '적어도 ○○클래스 대학에는 입학하고 싶다'라는 의미 없는 가치관을 강요하고 있는 탓인지도 모르겠습니다.

슬픈 일이지만, 저희는 이러한 현실을 진지하게 받아들여 입학식 그 자체가 신입생들에게 최

지知와 땀과 눈물의
긴키대학류 커뮤니케이션 전략

선을 다해 알찬 대학생활을 보내려는 결의의 장으로 만들어주고 싶은 것입니다. '용기를 가지고 함께 배우자'는 긍정적인 메시지를 전하고 싶은 것입니다.

이런 생각은 예전부터 하고 있었습니다. 당시 이사장이셨던 부친께서는 '선례 답습형 기획을 재재검토해서 신입생들에게 평생 잊히지 않는 입학식을 선물하라'는 미션을 내리셨습니다. 2013년도 입학식부터는 상부의 간섭을 받지 않는 신입사원을 중심으로 한 프로젝트 팀을 결성해 운영하기 시작했습니다.

응원부 치어리더의 댄스와 요사코이 춤 퍼포먼스, 특수 화약과 스모그 효과도 활용해 쇼업(show up)에 힘쓰고 있습니다. 특별 게스터로서 혼다(Honda)가 개발한 인간형 로봇 'ASIMO(아시모)'와 오사카 도톤보리(道頓堀)의 명물 인형 '쿠이다오레 타로'가 등장해 식장의 분위기를 살린 적도 있습니다.

신입생들로부터는 '제1지망에 합격하지 못해

의기소침해 있었는데 입학식에서 그 기분을 날려 버렸습니다' '입학식 전까지는 재수할 생각도 있었지만 이 대학이라면 내가 하고 싶은 일을 할 수 있을 것 같습니다'라는 목소리가 들려왔습니다. 그러한 신입생들은 애교심을 갖게 되며, 학생의 본분인 학업에도 성실히 임하게 됩니다.

경제적인 이유로 중학교 진학마저 단념해야 했던 조부께서 '배우고 싶은 이들에게는 배우도록 하겠다'는 강한 의지로 긴키대학을 설립하셨다는 이야기는 앞에서 이미 말씀드렸습니다. 휘황찬란한 연출이 쇼크 요법일지라도 기왕에 입학한 대학에서의 생활을 하루라도 헛되이 보내지 말았으면 좋겠습니다.

이러한 입학식을 언론에서 거론해 주기를 바라는 마음으로 뉴스 릴리스를 배포하고 있습니다. 단순히 유명한 연예인이 등장하거나 화려한 퍼포먼스만으로 PR하고 싶지는 않습니다. 본의 아니게 입학한 학생을 실의에 빠진 상태로 내버려 두지 않는 대학 측의 자세를 이해하셨으리라 생각합니다.

'KINDAI GIRLS' 교내 오디션 때도 재학생으

지知와 땀과 눈물의
긴키대학류 커뮤니케이션 전략

로부터 '솔직히 긴키대학이 제1지망은 아니었다. 그러나 그 화려하고 멋진 입학식을 경험하고 나서 이 대학이라면 꿈을 키울 수 있겠다는 생각이 들었다'는 말을 들었습니다. 선발된 재학생들은 '입학식을 통해 꿈을 이룰 수 있겠다는 인식과 자각을 하게 된 그들이기에 이번에는 최상의 퍼포먼스로 신입생들을 환영하고 싶다'며 노래와 춤 연습에 최선을 다하고 있습니다. 지금은 긴키대학의 젊은 OB·OG들 중에는 '저는 ASIMO 해입니다' '저희 입학식에서는 쿠이다오레 타로가 대박이었습니다'라는 식의 입학연도 정보를 주고받는다고 합니다. 그렇다면 약 7천 명의 동기생들에게 공통적인 잊지 못할 추억을 선물한 셈이 되지 않을까요?

일선에서 활약하는 OB가 있었다

제가 2007년 이직 후 얼마 동안은 대학교 입학식이 언론에 공개되는 일도 거의 없었습니다. 그것은 동시에 긴키대학이 본의 아니게 입학한 학생

을 실의에 빠진 채로 내버려두지 않겠다는 자세를 어필할 기회도 줄어들었다는 이야기가 됩니다. 그리고 7천 명 규모의 식장을 열광의 도가니로 몰아넣을 만한 노하우를 가진 인재도 그리 흔하지 않습니다. 고민하던 중에 연예계 일선에서 활약하는 긴키대학 OB의 얼굴이 떠올랐습니다. 그렇습니다. 층쿠♂ 씨입니다. 긴키대학부속고등학교와 상경대(현·경영학부)를 졸업한 후 긴키대생을 중심으로 결성한 인기 밴드 샤란큐(シャ乱Q)의 보컬로써 히트곡을 잇달아 내면서, 아이돌 그룹 '모닝구 무스메.'의 프로듀서로도 수완을 발휘하고 있는 졸업생입니다.

저는 어쩌면 층쿠♂ 씨가 긴키대 졸업생이라는 것을 밝히기 싫어할지도 모른다고 제멋대로 생각하고 있었습니다. 그 후 3대 이사장인 부친께서 돌아가시고, 4대 이사장에 취임한 형과 층쿠♂ 씨가 우연히 만날 기회가 있었습니다. 그 자리에서 층쿠♂ 씨가 애교심이 많다는 것을 알게 되었습니다.

이야기인즉, 층쿠♂ 씨가 메이저 데뷔 후에 긴키대학 축제 등에 출연해 달라는 의뢰가 있을 줄

기대했지만 아쉽게도 없었다. 또 '모닝구 무스메.'
가 대히트를 치자 이번에야말로 반드시 소식이 있
을 거라고 생각했는데 반응이 없어 낙담하고 있었
다는 것입니다. 형은 층쿠♂ 씨와 바로 의기투합해
그를 1일 객원 교수로 위촉해 학생들을 대상으로
하는 강연회를 개최했습니다. 층쿠♂ 씨와 긴키대
학 간의 거리가 좁혀지는 계기가 되었습니다.

제가 층쿠♂ 씨와 처음 만난 것은 2012년 11
월이었습니다. 그때는 홍보부를 설립하기 전이기
도 했으며, 입학센터 사무장으로 일하고 있던 시기
여서 입학식을 담당하는 책임자도 아니었습니다.
대학 안내지 기획에서 이사장이었던 형과 층쿠♂
씨, 그리고 긴키대학 OG로 런던올림픽 100m 배영
에서 동메달을 따낸 데라가와 아야(寺川 綾) 씨와
의 대담이 잡혀 있었습니다.

그때 층쿠♂ 씨는, 자신의 졸업논문 주제가
'젊은이가 찾는 가게의 경향과 레저산업'이었다. 지
금 생각해 보면, 졸업논문을 쓰기 위해 인기점의
점주와 그곳을 찾는 젊은이들에게 인터뷰를 한 것

이 계기가 되어 마케팅 전략을 생각하게 되었다. 그리고 지금 하는 음악 제작 일과도 연관성이 크다며 열변을 토했습니다. 또한 애교심도 강해 긴키대학 졸업생이라는 이유만으로 친해진 사람도 많다는 에피소드도 털어놓았습니다.

대담하는 사이에 층쿠♂ 씨에게 iPad로 긴키대학 입학식 동영상을 보여주었습니다. 그는 '재미있네요'라면서도 '그다지 흥은 나지 않네요'라며 저희 고민의 본질을 꿰뚫고 있었습니다. 반면에, 분명히 관심이 있다는 것도 직감적으로 알았습니다.

이듬해 2013년도 입학식에는 층쿠♂ 씨가 깜짝 게스터로 등장해 합주부와 응원부 치어리더, 그리고 글리클럽 멤버와 함께 교가를 열창하는 기획이 실현되었습니다. 마침 홍보부가 발족한 시점이었지만 언론의 노출은 전례 없이 많았습니다.

층쿠♂ 씨에게 전적으로 위임하다

이어 2014년도 입학식에서 저는 기획 운영의

지知와 땀과 눈물의
긴키대학류 커뮤니케이션 전략

책임자가 되었습니다. 전년도보다 더 나은 분위기를 조성하기 위해 층쿠♂ 씨에게 깜짝 게스터가 아닌 기획을 의뢰하려고 도쿄 소속사를 방문했습니다.

저희 쪽에서 긴키대다운 입학식의 의도를 설명하자, 층쿠♂ 씨로부터는 좋은 느낌을 받았지만 제작진으로부터는 '그가 관여하는 이상 입학식의 모든 면에 있어서 특별한 세안을 해도 되겠습니까?'라는 것입니다. 솔직히 말해, 저는 기존 범위 내에서 좀 더 무대의 흥을 돋우는 연출이나 타이밍의 노하우에 대해서 조언을 얻을까 하는 정도로 생각했는데, '층쿠♂ 기획'이라는 관을 씌우는 것은 그런 어정쩡한 이야기가 아니었던 것입니다.

워낙 유명인이기 때문에 '층쿠♂ 씨 너무 과합니다'라고 말할 수도 없었습니다. 상당한 각오가 필요했지만, 전적으로 맡길 수밖에 없다는 결심을 하고 학내 조정 일로 분주하게 지냈습니다. 그리고 입학식을 6개월 앞둔 2013년 10월, 의뢰 후 첫 미팅을 가졌습니다. 입학식 주제에 대해서는 케케묵은 상식을 깨부수고 약진과 돌파를 의미하는 '난관 돌파(Breakthrough)'로 정했지만, 제시한 계획서를 보고는 충격을 받았습니다.

이것이 본 장의 서두에서 언급한 'KINDAI GIRLS'를 결성하자는 제안이었습니다. 소속사에서는 '아이돌을 하고 싶어 하는 여대생들은 많이 있다'고 하면서 단원 모집에 자신을 보였지만, 과연 손을 드는 학생이 얼마나 될까? 저는 불안했습니다. 히가시오사카캠퍼스의 여대생 비율이 30%를 넘겼다고는 하지만, 아직 여대생이 많다고는 할 수 없었습니다. 무엇보다 입학식에서 '모닝구 무스메。'처럼 노래하고 춤추는 것이 대내외적으로 어떤 논란을 일으킬지, 아니, 어떤 비판의 폭풍에 휩싸일지가 걱정이었습니다.

하지만, 모든 것을 위임한다고 의뢰한 이상, 이쪽에서 '무리입니다'라는 말은 입이 열 개라도 할 수 없습니다. 층쿠♂ 씨가 입학식을 기획하고 재학생과 신입생으로 구성하는 아이돌 그룹을 결성한다는 뉴스 릴리스를 배포하자, 아니나 다를까 비판 섞인 목소리가 들려왔습니다. 그러나 화려한 연출의 배경에는 본의 아니게 입학해 의기소침해져 있는 학생의 기분을 북돋우고, 긍정적으로 대학생활을 시작할 수 있는 전환점이 되는 입학식이 되기를 바라는 저희의 의도를 이해해 주는 언론도 있어, 세간의 눈빛도 서서히 달라져 갔습니다.

그리고 오디션에는 재학생 91명, 신입생 44명이 응모해, 16인조 초대 'KINDAI GIRLS'이 탄생했습니다. 언론의 취재 열기는 예상외로 뜨거웠습니다. 또한 진행 준비를 맡은 소속사 제작진의 프로 의식과 일솜씨에도 놀랐습니다. 대학 자체 인력만으로 운영하던 때와는 천양지차였습니다. 층쿠♂ 씨에게 의뢰한 것은 정말 잘한 일이었습니다.

그런데 입학식을 1개월 앞둔 2014년 3월, 층쿠♂ 씨가 후두암에 걸렸다는 발표가 있었습니다. 대학 측에서는 발표 직전에 연락을 받았지만, 저희로서는 아연실색할 수밖에 없는 일이었습니다. 층쿠♂ 씨가 직접 'KINDAI GIRLS'을 지도한다는 스케줄이 3월 중순에 잡혀 있던 터라 멤버들의 충격도 이

만저만이 아니었습니다.

그러나 무엇보다 걱정이었던 것은 층쿠♂ 씨의 건강이었습니다. 저희는 그가 참석하지 못하더라도 최상의 입학식을 개최하기 위해 소속사 직원들과 면밀히 검토하면서 준비해 갔습니다.

드디어 4월 5일, 입학식 당일을 맞이했습니다. 화려한 의상을 입고 나온 'KINDAI GIRLS'가 '모닝구 무스메。' 곡에 맞춰 완성도 높은 노래와 춤을 선보여 라이브를 방불케 하는 열정적인 무대를 만들어 보였습니다. 그러나 이미 방사선 치료에 들어간 층쿠♂ 씨의 모습은 볼 수 없었습니다. 하지만 그가 '긴키대학 입학식 프로듀서'의 이름으로 보내준 축사에는 다음과 같은 대목이 있었습니다.

"'야호! 합격했어요!'라는 학생도 있겠지만, "1지망 떨어지고 2지망 붙었어요ㅜㅜ"라는 신입생도 있겠지요. 그러나 지금은 대학 이름만으로 취직하는 시대도 아니며, 그 회사가 평생을 보장해주는 시대도 아닙니다. 일본의 국력 자체가 세계 속에서 미묘하게 설정되어 가는 오늘날, 누군가의 탓으로

지知와 땀과 눈물의
긴키대학류 커뮤니케이션 전략

돌릴 수 있는 시대 또한 아닙니다. 지금 여러분은 긴키대학이라는 울타리 안에 들어왔지만, 이제부터 앞으로는 여러분 각자가 어떤 인생을 설계해 나가느냐에 따라 승부가 판가름 납니다'

2지망 입학이라 할지라도 대학 생활을 하루도 헛되이 보내지 말았으면 좋겠다는 저희의 염원을 완전히 파악한 메시지였고, 식장의 반응만 보아도 신입생들의 마음을 북돋우고 있다는 것이 강하게 전해져 왔습니다. 층쿠♂ 씨는 식장에 함께 자리할 수 없었지만, 프로듀서의 역할을 완벽하게 해낸 것입니다. 전년도보다 훨씬 더 많은 미디어의 취재로 보아 그의 존재감을 확인할 수 있었습니다.

성대 적출이라는 충격적인 고백

이번 입학식이 성공리에 끝나자 저는 다음에도 층쿠♂ 씨에게 기획을 의뢰하려고 생각했지만 마음에 걸리는 것은 그의 병세였습니다. 2014년 9월, 소속사를 통해 방사선 항암제 치료로 암이 완전 관해(寬解)해 암세포가 사라졌다고 발표했지만 겨우 한 달밖에 지나지 않아 다시 재발했다고 공표했기 때문입니다.

저희는 완전 관해 발표 후에 '내년에도 입학식 기획을 부탁한다'고 의뢰했습니다. 그러자 재발을 공표한 지 얼마 지나지 않아 소속사로부터 층쿠♂ 씨의 메시지가 메일로 도착했습니다. '올해도 입학식 기획을 의뢰해 주셔서 감사합니다. 긴키대학 입학식에 대한 내용입니다. 지금은 입원 중이지만 내년 4월에는 건강해져 있을 겁니다. 하지만 이것만은 장담할 수 없는 일입니다. 제가 입학식에 참석한다는 보장은 없습니다. 그러나 맡은 이상 저희 직원들과 함께 성심껏 프로듀스 하겠습니다. 이런 조건이라도 괜찮으시다면 맡아하겠습니다. 그래도 되겠습니까?'

저는 솔직하게 다음과 같은 메일을 보냈습니다.

'우선은 건강이 최우선입니다. 무리하지는 마십시오. 입학식 당일 층쿠♂ 씨가 반드시 참석하셔야 한다거나 스테이지에서 노래하시기를 원하는 것이

지知와 땀과 눈물의
긴키대학류 커뮤니케이션 전략

아닙니다. 바람은 저희 대학에 참신하고 획기적인 입학식을 도입하는 것입니다. 그러기 위해서는 층쿠♂ 씨의 아이디어가 필요합니다. 학생들이 할 수 있는 일이나 도울 수 있는 일을 포함해 어떤 일이라도 도전할 생각이니, 건강에 무리가 되지 않는다면 꼭 부탁드리고 싶습니다.'

층쿠♂ 씨로부터 '거절할 이유가 없습니다. 꼭 시켜주십시오.'라는 답장을 받았습니다. 이렇게 해서 2015년도 입학식도 층쿠♂ 씨 기획이 정식으로 결정되었습니다.

소속사와의 미팅에서는 1회 때와 마찬가지로 오디션에서 선발된 'KINDAI GIRLS'의 퍼포먼스로 식장의 분위기를 살리자는 데 의견 일치를 보았습니다. 저희도 전년도의 경험이 있었기 때문에 버전업이 가능했습니다. 다음은 입학식 당일 그의 건강한 모습을 볼 수 있기를 바라면서, 거기에 어울리는 무대를 만들어 내는 일에만 몰두했습니다.

그런데, 이번 입학식은 저희의 상상을 초월한 사건이 일어났습니다. 언론에 보도가 되어 아는 분

05. 입학식과 졸업식은
최강의 홍보 콘텐츠

도 많이 계시리라 생각합니다만, 식장에 깜짝 게스터로 등장한 층쿠♂ 씨가 '목소리를 잃었다'는 사실을 스테이지 위에서 처음 공표한 것입니다.

이제 시효가 지나서 고백하지만, 암 재발 발표 후 층쿠♂ 씨가 성대 적출 수술을 받았다는 사실은 소속사를 통해 알고 있었습니다. 하지만 이 사실이 누설된다면 유명 밴드의 보컬이 목소리를 잃었다는 소문은 눈 깜짝할 사이에 퍼지고 말 것입니다. 홍보부에서 저를 보필하는 일부 부원들은 알고 있었지만 그들에게도 함구령을 내렸습니다.

입학식 전날 리허설에서도 축사는 모조 원고를 사용하면서 성대 적출을 누구에게도 알리지 않으려고 애썼으나, 한편으로 곤란한 일이 생겼습니다. 매스컴 측에 이 문제를 알리지 않고 취재하게 할 수는 없는 노릇이었습니다. 저는 이 사실을 전혀 모르는 홍보부 직원에게 '오사카뿐만 아니라 수도권의 언론까지도 가능한 많은 취재진을 참석시키라'고 지시했습니다. 가혹하다는 것은 알고도 남았지만, 빅 뉴스가 되리라는 것을 확신했기 때문입

지知와 땀과 눈물의
긴키대학류 커뮤니케이션 전략

니다. 도쿄 와이드 쇼 취재진을 포함해 가능한 많
은 관계자를 부르고 싶었습니다. 지금까지 긴키대
학 참치에 대한 취재 등으로 수도권의 많은 미디어
관계자들과 교류가 있었기 때문에, 저희 쪽에서
의뢰하면 취재하러 오는 관계를 구축해 두었던 것
도 도움이 되었습니다.

동시에 뉴스가 전해지면 취재 오지 않았던 미
디어들로부터 문의가 쇄도하리라는 것을 예상해

05. 입학식과 졸업식은
최강의 홍보 콘텐츠

제공용 동영상도 금방 넘겨줄 수 있게 준비했습니다. 대학 상부에도 극비로 진행했기 때문에, 저 외에 유일하게 이런 사정을 알고 있었던 홍보부 직원은 츙쿠♂ 씨를 대학 간부들에게 소개할 때, 무언의 그를 이상하게 생각하지 않을까 조마조마했다고 합니다.

2015년도 입학식이 막을 열었습니다. 오프닝 VTR에 이어 'KINDAI GIRLS'에 의한 화려한 퍼포먼스가 펼쳐졌습니다. 그리고 목에 스카프를 두른 츙쿠♂ 씨가 깜짝 게스터로서 스테이지에 올라섰습니다. 암 투병을 발표한 이후 처음으로 공적인 무대에 선 것입니다. 식장은 크게 웅성거렸습니다. 츙쿠♂ 씨는 미소를 지으며 무언으로 식장의 반응을 확인하는 것 같았습니다. BGM이 흐르는 가운데 신입생을 위한 축사가 대형 스크린을 통해 나왔습니다. 거기에는 다음과 같은 내용이 포함되어 있었습니다.

'왜, 지금, 저는 소리를 내어 축사를 읽어 내려가지 못할까요… 그것은, 제가 성대를 적출했기 때

지知와 땀과 눈물의
긴키대학류 커뮤니케이션 전략

문입니다. 작년부터 목 치료를 해 왔습니다만 결과
적으로 암은 완치되지 않았습니다. 고심한 끝에 적
출 외에는 다른 방법이 없어서, 가장 소중히 여겼
던 목소리를 버리고, 사는 길을 택했습니다.'

식장은 숨을 죽인 듯 고요해졌습니다. 신입생
들의 충격이 전해져 왔습니다. 사회를 맡았던 긴키
대학 OG 데라가와 아야 씨도 놀라 눈동자에 물기
가 어리는 것을 알 수 있었습니다.

축사가 끝나자 층쿠♂ 씨는 소리가 되어 나오
지 않는 목소리로 '축하합니다' 라고 입술을 움직여
신입생들에게 진심을 담아 축하의 뜻을 표했습니
다. 그리고 층쿠♂ 씨의 기타 반주로 교가 제창이
대합창으로 울려퍼졌습니다.

이번 입학식은 긴키대 역사상 가장 크게 언론
에 다루어져 전국 뉴스로 나갔습니다. 시간이 지
난 후에 층쿠♂ 씨는 신문 취재에서 '긴키대학 입
학식에서 성대 적출을 공표할 생각은 아니었다'고
했습니다.

물론, 현재 상황에서는 샤란Q의 콘서트는 열

05. 입학식과 졸업식은
최강의 홍보 콘텐츠

지 못했을 것이며, 또 '모닝구 무스메。'의 콘서트 때문에 병을 보고하기에는 조심스러웠을지도 모릅니다. 그렇다 하더라도 소속사나 자신의 블로그를 통해 공식 발표를 할 수도 있었을 텐데, 저희 대학 입학식을 그 자리로 선택해 준 것입니다.

입학식 기획을 전적으로 위임하겠다고 의뢰할 때 저희가 요청한 것은 '획기적인 입학식으로 신입생들에게 성원을 보내는 동시에 식장의 분위기가 고조되었으면 좋겠다' '언론 노출을 최대화하고 싶다'였습니다. 성대 적출을 고백한 것은 저희의 요청에 응하고도 남음이 있는 효과와 반향을 일으켰지만, 가수 생명에 연관된 인생의 일대사를 이 자리에서 발표한 층쿠♂ 씨의 프로정신에는 감복하지 않을 수 없었습니다.

다만, 한 가지 말씀드릴 수 있는 것은, 긴키대학이 다른 대학들과 마찬가지로 학장이나 내빈들의 인사가 끝없이 이어지는 평범한 입학식이었다면 층쿠♂ 씨도 그런 자리로 선택하지 않았을 것입니다. 본의 아니게 입학한 학생들의 기분을 생

지知와 땀과 눈물의
긴키대학류 커뮤니케이션 전략

각해, 입학식을 계기로 전환점을 만들어 주기 위해 혼신의 힘을 기울여 연출을 고안해 온 긴키대학의 10년 이상의 역사가 있었기에, 후배들의 새출발에 어울리는 메시지를 담으려고 생각한 것이 아닐까 싶습니다.

축사 내용 중에 '저도 목소리를 잃고 갓 걷기 시작한 일학년. 여러분과 같습니다.'라는 표현도 있었습니다. 저는 눈물을 참느라 무척 힘들었습니다.

스티브 잡스를 능가한 호리에몽

이렇게 긴키대학의 입학식이 주목을 받게 되자, 이번에는 졸업식에 관한 화제가 그다지 없다는 점이 마음에 걸렸습니다. 인기 있는 연예인이나 텔런트를 부르는 것만이 능사가 아닙니다. 가능하면 많은 경험의 소유자로부터 졸업생을 위한 작별의 인사말을 듣고 싶었습니다.

마음에 짚였던 것은 미국 애플 사의 창업가인 스티브 잡스 씨가 스탠퍼드 대학에서 한 전설의 졸

05. 입학식과 졸업식은
최강의 홍보 콘텐츠

업식 연설이었습니다. 대학 중퇴, 애플 추방, 암 선고가 있었기에 지금이 있다. 일견 제각각이었던 점과 점이, 자신의 행동을 사랑하고, 인생을 헛되이 보내지 않는다면, 언젠가 반드시 연결된다…는 메시지가 되어, '계속 갈증을 느끼십시오. 계속 바보로 남으십시오.'로 마지막을 장식한 유명한 연설입니다. 그 일본판을 생각한 것입니다.

하지만 그런 연설을 할 만한 사람이 일본에서는 좀처럼 떠오르지 않습니다. 막연히 머리를 스친 인물이 호리에몽, 실업가 호리에 타카후미(堀江 貴文) 씨였습니다. 솔직히 말하면, 긴테츠 시절에 버팔로즈 야구단 매입 입찰 소동에 휘말린 쓴 기억이 있어, 그에 대한 이미지가 그다지 좋은 것은 아니었지만, 그의 저서를 통해 공감한 부분도 있어 마음이 끌렸습니다.

시대의 총아로 인기를 한 몸에 누리다가 체포, 기소, 그리고 복역을 마치고 다시 재기한 그이기에 졸업생의 마음을 울리는 메시지를 선물해 주지 않을까? 하는 생각이 들었습니다. 그러나 그는 도쿄

지知와 땀과 눈물의
긴키대학류 커뮤니케이션 전략

대학 중퇴로 긴키대학과는 아무런 연고도 없는 사람입니다. 어떻게 접근해야 좋을지 짐작도 가지 않았습니다. 그런데 호리에 씨가 긴키대학 수산연구소를 견학한 후에 우메다에 있는 대학 직영 레스토랑에도 찾아온 적이 있다는 것을 알게 되었습니다.

긴키대학을 좋아하는지 아닌지는 알 수 없었지만, 어느 쪽인가 하면 좋아하는 부류가 아닐까 싶어, 2014년 가을에 이듬해 봄의 졸업식 스피치를 제안했습니다. 대답은 흔쾌히 'OK'였습니다.

저희로서는 스티브 잡스의 전설적인 연설의 일본판을 기획하고 싶다는 생각 만큼은 전하고 싶었지만, 호리에 씨로부터 '사전 미팅 사절'이라는 통보를 받았습니다. 그렇게까지 말하는 사람에게 억지를 부릴 수는 없었습니다. 느닷없이 찾아가 기분을 건드리기라도 하면 일을 그르칠 수도 있으니까요.

한 가지 아이디어가 떠올랐습니다. 10만 엔을 내고 호리에 씨와 초밥을 먹는 이벤트에 참가하기로 한 것입니다. 그것이라면 무리하지 않아도 호리에 씨와 이야기할 수 있겠다 싶었습니다. 이벤트에서는 자기소개를 한 다음 긴테츠 시절에 구단 매입 소동에 저 자신도 휘말렸다는 이야기로 분위기를 풀어 가면서 타이밍을 노려 저희 쪽 생각을 전했습니다. '스티브 잡스? 그건 무리'라고 말하는 호리에 씨에게 긴장감이 감도는 것을 느꼈습니다.

2015년 3월 20일, 2014년도 졸업식이 거행되었습니다. 미소를 지으며 단상으로 올라온 호리에 씨는 스마트폰과 트위트를 예로 들면서, 현재의 상식이 10년 전의 상식이 아니었던 것과 마찬가지로, 지금의 상식도 10년 후, 20년 후에는 전혀 통용되지 않을 것이라며, '상식에 얽매이지 않는 삶'을 제언했습니다. 그리고 '롤러 코스터와 같은' 자신의 인생을 뒤돌아 보면서 다음과 같이 말했습니다.

'왜 제가 여러 가지 일에 도전을 하고, 실패를 하고, 많은 사람에게 배신을 당하면서도 재미있게 잘 살고 있는 것일까요? 그것은 '지금을' 살고 있기 때문입니다. 현재에 집중하고 있기 때문입니다. 저는 집중하면 먹는 것도 자는 것도 잊고 하나에 집중해 버리는 버릇이 있어 주위가 보이지 않습니다.

지知와 땀과 눈물의
긴키대학류 커뮤니케이션 전략

05. 입학식과 졸업식은
최강의 홍보 콘텐츠

여러분도 그랬으면 좋겠습니다. 앞으로 살아가는 데 있어서 가장 중요한 것은 지금 눈앞에 있는 일에 집중하는 것입니다. 장기 계획 따위는 필요 없습니다.

진지하게 경청하는 졸업생들의 표정이 인상적이었습니다. 사회로 나가기 전에 들려주고 싶었던 호리에 씨만 할 수 있었던 스피치였다고 생각합니다. 이 축사를 생중계 식으로 유튜브에 올린 결과 재생 회수가 100만을 넘었습니다. 그리고 이 축사를 카피하여 '전설의 스피치'라는 이름을 내건 동영상의 재생 회수는 190만을 넘었습니다. 유튜브에서 '전설의 스피치'로 검색하면 호리에 씨의 축사가 스티브 잡스 씨의 스피치 일본어 자막판 위로 올라올 정도입니다. 어떤 의미에서는 '스티브 잡스를 능가'하는 위업을 이룬 것입니다.

이렇게 저희는 입학식과 졸업식을 계기로 삼아 '본의 아니게 입학한 학생들'의 퇴학과 유급 문제를 해소하기 위해 노력해 왔습니다. 이런 고민은 현재의 입시제도라면 도쿄대학과 같은 일부 대

지知와 땀과 눈물의
긴키대학류 커뮤니케이션 전략

학을 제외한 모든 대학에 해당하는 일이라고 생각합니다. 입시학원 관계자들에 의해 밝혀진 사실이지만, 명문이라 불리는 사립대학에도 본의 아니게 입학한 학생들이 일정 비율 있다는 것입니다. 그리고 프라이드가 높은 대학일수록 그들의 존재를 인정하기 싫어하는 경향이 있다고 합니다.

긴키대학은 그 문제를 간과하지 않고, 학생들이 충실한 대학생활을 내딛는 기회로 삼는다면, 비상식이라는 소리를 듣는다 할지라도, 화려한 연출을 하는 일에 주저하지 않을 것입니다. 다만, 18세 인구 감소가 본격화하는 가운데, 명문대학이라 하더라도 언제까지나 비상식적인 일이라고 방관만 하고 있을 때가 아니라고 생각합니다. 비상식과 상식이 바뀌는 데 걸리는 시간은 그리 길지 않을 것이기 때문입니다.

사립대학은 기업인가?

투자 총액 500억 엔 전액 보유 자산 / 대학이 돈 버는 게 왜 나쁘냐 /

'돈 버는 대학의 서열 등급' 있을 만하지 않아요? /

학생과 수험생은 고객 / 홍보 발신으로 마케팅을 창출하다 /

홍보 퍼스트에서 홍보 경영으로

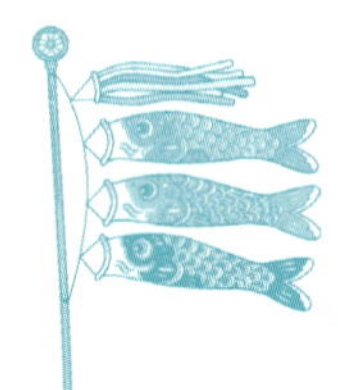

6장
사립대학은
기업인가?

긴키대학은 2017년 4월, 히가시오사카캠퍼스에 'ACADEMIC THEATER(아카데믹 시어터)'라 부르는 구역을 오픈했습니다. '초(超) 긴키대 프로젝트'로 이름 지은 캠퍼스 정비 계획의 제1기 계획으로, 약 8만 7천 평방미터의 부지에 5동의 건물이

지知와 땀과 눈물의
긴키대학류 커뮤니케이션 전략

세워졌습니다. 24시간 이용 가능한 자습실과 일본의 대학에서는 처음으로 언제든지 글로벌 뉴스를 볼 수 있는 CNN카페가 들어와 있습니다.

그중에서도 주목을 받는 것은 2층 건물로 새롭게 단장한 도서관입니다. 도쿄·마루노우치의 마루젠(丸善) 본점 내에서 전설적인 서점으로 주목을 받았던 '마츠마루(松丸) 본점'(현재 폐점)을 기획한 편집공학연구소 마츠오카 세이고(松岡 正剛) 소장을 슈퍼 어드바이저로 기용해 '초(超) 도서관 모델 제공'을 목표로 감수와 서적 선정까지 위탁했습니다.

약 7만 권의 저서 가운데 만화가 차지하는 비율이 30%를 웃도는 2만 2천 권이라는 것이 특징입니다. 책을 읽지 않게 되었다는 학생들의 지적 호기심을 '공부의 적'이라고까지 했던 만화로 자극해, 그 주변에 진열된 관련 분야의 신간 서적과 문고본으로 이끌려는 시도입니다.

만화를 배치한 2층을 'DONDEN(돈덴)'이라 부르고 있습니다. 말할 필요도 없이 '돈덴카에시(역

전)'에서 따온 이름으로, '시공을 둘러싼 우주여행'
(SF 작품), '범인은 이 안에 있다' (추리 작품), '심혈
을 기울인 메이크 드라마' (야구 작품) 등 30 주제
로 나누어져 있습니다. 주제별로 키 북(Key Book)
으로 규정된 만화책이 있으며, 그 주변에는 관련
된 신간 서적과 문고본이 진열되어 있습니다.

　이 도서관 또한 상식을 깨는 도전적인 취지
여서 학내외로부터 찬반양론이 분분했습니다. 그
러나 학생들의 이용은 순조로운 것 같습니다. 조
부께서는 '배우고자 하는 이들에게는 배울 수 있
도록 하겠다'는 의지로 긴키대학을 창립하셨지만,
'ACADEMIC THEATER'는 이른바 배우고자 하는
학생을 늘리려는 취지입니다. 그래서 공부하고 싶
을 때는 24시간 언제든지 공부할 수 있는 자습실
을 마련한 것입니다. 활자에 관심을 두지 않는 학
생이 세계관을 넓히는 '지(知)의 역전'이 일어나는
장소가 되기를 바라고 있습니다. 식당과 실험연구
동을 정비하는 제2기 계획까지 이어지면 총 투자
액은 500억 엔이 넘는 빅 프로젝트입니다. 긴키대

지知와 땀과 눈물의
긴키대학류 커뮤니케이션 전략

학으로서는 기업 매상고에 상당하는 사업활동수입 1,356억 엔(2016년도)의 1/3이 넘는 투자액이지만, 전액 보유 자산으로 충당하고 있습니다. 저희에게 있어 '돈을 버는' 일은 학생들의 교육 환경과 연구를 충실히 하기 위한 재무 기반을 갖추는 것을 의미합니다. 번 돈을 그냥 모아두는 것이 아니라 교육과 연구를 위해 쓰려고 버는 것입니다.

긴키대학은 건전한 대학 경영과 재무 기반의 안정을 중시하고 있으며, 2016년도 기업의 최종 이익에 해당하는 기본금 즉시 처리 전 금년도 수지 차액은 전년도 대비 12억 엔 감소한 71억 엔이었습니다. 입학금과 수업료 등 학생 납부금이 증가한 반면에 투자 처분 또한 증가한 것이 감익의 이유입니다. 그러나 초(超) 긴키대 프로젝트를 지탱하기에는 충분한 흑자 경영을 유지하고 있으며, 전국의 사립대학 중에서도 굴지의 건전성을 자랑하고 있습니다.

하지만 과거에는 학부와 캠퍼스, 그리고 병원 신설 등으로 투자가 잇따라 561억 엔의 부채를 안고 있었습니다. 당시 이사장이었던 부친께서는 '차입금은 10년 안에 갚는다'는 지시를 내려 재무 개혁에 착수했습니다. 신설 학부 개설에 따르는 투자를 억제하면서 회계 단위를 캠퍼스별로 나누어 수지와 지출을 세부적으로 관리했다고 합니다. 경영하는 부속병원의 수지가 개선됨에 따라 증수로 돌았으며, 지시대로 10년 후인 2009년도에는 빚 없는 경영으로 전환되었습니다. 이후 2013년 3월 말까지 880억 엔의 보유 자금을 적립하기에 이르렀습니다.

대학이 돈 버는 게 왜 나쁘냐

긴키대학은 실학 교육과 인격 도야를 건학 정신으로 삼고 있습니다. 지금에서야 대학이 실학 교육에 힘을 기울인다는 소리에 위화감이 없지만, 창립 당시의 대학계를 둘러싼 상식을 기준으로 보면 터무니없는 비상식적인 일이었습니다. 애당초 실학이라는 것은 전문학교나 공·상업 학교가 실천하는 것으로, 대학은 아카데믹한 세계, 즉 학문을 깊이 추구하는 곳이라고 생각했던 것입니다.

창립자 세코 코이치(世耕 弘一)의 실학에 대한 사고방식이 다음과 같이 남아 있습니다. '지금까지 없었던 독창적인 연구에 뛰어드는 것이며. 그 연구 성과를 사회로 환원시키는 동시에 수익을 얻는 것이다.'

그 당시에는 '연구를 돈벌이와 결부시키는 것은 학문에 대한 모독'이라는 소리까지 들으셨다고 합니다. 이에 대해 조부께서는 '그런 생각은 국립대학의 발상이다. 정부에 의존할 수 없는 사립대학은 제 발로 설 수밖에 없지 않은가. 독립적이고 독보적인 자세를 관철하기 위해 학문과 연구를 수익으로 연결시키는 일이 도대체 뭐가 어떻게 나쁘다는 말이냐.'고 반문하셨다고 합니다.

이런 연유로, 연구를 산업화로 연결하는 동시에 활성화해서 수익을 확보하고, 그 수익을 또 다른 연구비로 충당해 새로운 연구로 이어가는 긴키대학의 연구 사이클이 이때부터 시작된 것입니다. 그 대표격이 긴키대학 참치를 탄생시킨 수산연구소지만, 농업 분야에서도 와카야마현 유아사쵸(湯浅町)에 부속 농장을 만들어 귤 재배 기술 연구에도 박차를 가하고 있습니다. 귤나무 1만 그루를 재배하고 있으며, 현재 수확량은 연간 100만 톤 이상으로 백화점이나 슈퍼마켓 등에서 판매하고 있습니다.

지知와 땀과 눈물의
긴키대학류 커뮤니케이션 전략

최근에는, 대학이 연구를 산학 제휴로 실용화해 이익을 창출하는 일에 대한 저항이 거의 없어졌습니다. 정부도 예산 부족으로 '대학도 자체적으로 돈을 벌어라'는 지시를 내려 사립대학뿐만 아니라 국립대학에도 산학 제휴를 장려하기 때문입니다. 과거에는 비상식으로 여겨졌던 대학의 돈벌이가 지금은 예사로운 일이 되었습니다. 아직 '신성한 학문을 돈벌이와 연결해서는 안 된다'고 큰소리로 주장하는 대학이 있다면, 그쪽이야말로 물정모른다는 말을 듣는 시대로 바뀌었습니다.

그러나 10년 전까지만 하더라도 긴키대학에서조차 산학 제휴에 관한 발언을 하면 '그건 너무 기업적이다' '민간적인 발상이다'라는 반응밖에 없었습니다. 어느 회의에서는 한 교원으로부터 '세코 씨, 미안하지만, 기업과 학교는 완전히 다릅니다. 기업은 돈벌이가 목적이지만 학교의 목적은 교육이 아닙니까. 그러니 사고가 전혀 맞지 않습니다.'라는 핀잔까지 들었습니다. 마치 제가 긴테츠에서 돈벌이에만 급급했던 것 아니냐는 식이었습니다.

실학 교육을 내세우는 긴키대학 내에서조차도 돈에 대한 거부 반응이 뿌리 깊게 박혀 있음을 실감했습니다.

저는 15년간 긴테츠에서 일했습니다만, 돈벌이만을 위해 일한 적은 없습니다. 긴테츠의 경영 이념에도 '돈벌이를 한다'는 말은 한마디도 적혀 있지 않습니다. '과감한 도전으로 새로운 가치를 창출한다' '다양한 사람들과의 협력으로 사회에 공헌한다'는 맥락입니다.

마찬가지로, 약 3천에 이르는 일본의 상장기업도 반드시 기업 이념과 경영 이념을 내세우고 있습니다. 어느 의류 제조업체는 의류를 통해 세상을 밝히겠다는 기업 이념을 내걸고 있습니다. 슬롯머신 업계의 어느 상장 기업은 오락을 통해 더 좋은 사회를 만들어 나간다고 합니다. 기업 이념에 '돈을 벌기 위해 이 회사가 존재한다'고 말하는 회사는 아마 어디에도 없을 겁니다.

어떤 회사든 기본적으로는 사회와 국가에 도움을 주기 위해서라고 할 것입니다. 저희와 같은 사립대학에도 반드시 건학 정신이 있습니다. 많은 사립대학의 건학 정신을 보더라도 기업의 이념과 크게 다르지 않습니다. 사회로 인재를 배출하는 것이 결과적으로는 사회 공헌으로 이어지는 것이 아니겠습니까?

기업에서는 이념과 함께 경영 목표를 세우고 있습니다. 거기에는 이념을 실천하기 위한 수치 목표가 정해져 있습니다. 이 단계에서 돈 이야기가 등장합니다. 최근에는 경영 목표를 내세우는 사립대학도 늘고 있습니다. 사립대학도 기업과 마찬가지로 경영 목표가 없으면 살림살이를 꾸려나가기 힘든 세계가 되었습니다. 국립대학과 달리 정부나 지자체의 지원만으로는 턱없이 부족하기 때문에 자신들의 힘으로 재무 상태를 관리하지 않을 수 없게 된 것입니다.

여기서부터 선문답처럼 느끼시겠지만, '세코 씨, 그렇게 말해도, 업계로 인재를 배출하는 것은 교육계가 아닙니까? 그러니 기업과는 다릅니다. 교육은 세상의 기반입니다.'라는 반박을 듣고 맙니다. 그러나 긴테츠에서 일할 때도 인적 이동과 물류를 뒷받침하는 인프라였기 때문에 세상의 기반은 철도라고 생각했습니다.

전력회사 관계자들에게 물으면, 불빛이나 동력과 같은 전기를 만들어 가정과 기업으로 내보내기 때문에 세상의 기반은 전력이라고 자신 있게 말하겠지요. 금융기관에서 일하는 사람들은 경제의 핏줄이라고 불리는 금융이야말로 세상의 기반이라고 할 것입니다. 결국 세상을 지탱하는 것은 각양각색의 기둥으로 이루어져 있으며, 기둥 뿌리 하나를 뽑는 순간 사회 전체가 와르르 무너져 내리지 않겠습니까?

기둥마다 각각의 막중한 역할이 있으며, 그중의 하나가 교육이라고 생각합니다. 교육이라고 해서 다른 것에 비해 특별하지는 않습니다. 자신들의 이념과 정신을 실현하기 위해 안정된 재무기반이 필요한 것은 기업과 다름없습니다. 그렇게 생각하면 '대학이 돈을 버는 게 왜 나쁘냐'고 할 수 있지 않겠습니까?

지知와 땀과 눈물의
긴키대학류 커뮤니케이션 전략

'돈 버는 대학의 서열 등급' 있을 만하지 않아요?

'돈 버는 대학'이라 불리는 긴키대학은 기업과의 산학 제휴를 적극적으로 추진하고 있습니다. 도요타통상이나 산토리그룹과 같은 대기업으로부터 현지의 중소기업에 이르기까지 제휴 분야도 다양한 점이 특징입니다.

2015년도 기업의 수탁연구비 수입액에 대한 문부과학성의 통계에 따르면, 긴키대학이 약 3억 4,600만 엔으로, 게이오대학과 와세다대학에 이어 전국 3위를 기록했습니다. 2013년부터는 산학 제휴를 위한 기업 창구로 히가시오사카캠퍼스에 '긴키대학 리에종 카페'라는 코너를 설치했습니다. 그곳을 중소기업 경영자들에게 개방하여 자유롭게 방문하도록 했습니다.

여기서 다시 긴키대학의 수익 구조에 대해 설명하겠습니다. 2016년도 사업보고서에 의하면, 기업의 매상에 해당하는 사업활동수입 1,356억 엔

중에서 입학금과 수업료 등 학생 납부금은 39.97%입니다. 이것은 타대학에서도 주된 수익이지만, 학생수가 많은 긴키대학의 경우 그 비중이 더 높을 것으로 생각하기 쉽지만, 실은 40%도 되지 않습니다. 그보다 많은 45.56%가 의료 수입입니다. 긴키대학은 산하에 3개의 부속병원이 있으며, 침상 수가 1,800여 개로 간사이 남부지방 의료원의 중추 역할을 하고 있습니다.

구태여 왜 이런 이야기를 하느냐 하면, 세간의 오해를 풀기 위해서입니다. 긴키대학은 참치로 큰 벌이를 한다고 여기시겠지만, 참치를 비롯한 협업 제품으로 얻는 수입은 1.62%의 잡수입에 들어갈 정도로, 전체적으로 보면 얼마 되지 않습니다. 기업과 제품을 공동 개발해도 대학의 '몫'은 거의 없습니다. 그런데 왜 산학 제휴를 추진하는 걸까요? 거기에는 두 가지 이유가 있습니다.

하나는, 우수한 기업의 지견(知見)과 사풍(社風)을 배우는 동시에 그것을 적극적으로 도입하기 위해서입니다. 긴키대학은 2014년 4월, 미국 스포

츠 용품 대기업인 언더파 아머의 일본 총대리점,
돔(도쿄 소재)과 포괄 제휴를 맺어 학내 스포츠 비
즈니스화에 나섰습니다.

　미국에서는 전미대학체육협회(NCAA)를 중심
으로 대학 스포츠 비즈니스 사업을 활발히 추진
하여 TV방영권과 입장료 등으로 연간 1천억 엔
의 수익을 올린다고 합니다. 돔 측으로부터 제안을
받아, 경험이 풍부한 본거지의 노하우를 흡수하기
위해 기꺼이 승낙했습니다.

　배경에는 간사이 지방의 대학 스포츠 지반 침
하가 있습니다. 간사이권 야구와 럭비는 고등학교
레벨에서는 강호가 많아 전국적으로 큰 활약을 보
이고 있습니다. 그러나 유력 선수들이 수도권 대학
으로 진학하기 때문에, 대학 레벨에서는 간사이권
이 고전을 면치 못하고 있습니다. 이 흐름에 제동
을 걸기 위해 시작했습니다. 대학 스포츠를 사업
화하여 방영권과 입장료 수입을 확보함으로써, 그
수익을 원정비와 인재를 확보하는 자금으로 충당
하려고 합니다.

사업은 이제부터 구체화되겠지만, 당분간의 목표는 각 체육계통 클럽에서 제각각이었던 유니폼과 캐릭터 이미지를 통일시키는 일입니다. 브랜드를 확립한 후에 로고 웨어와 같은 관련 용품을 판매하려고 합니다. 양식한 도미와 방어를 팔아 연구비를 마련하면서 참다랑어 완전 양식에 성공한 '긴키대학 연구 사이클'의 스포츠판이라고 할 수 있습니다. 이것도 '아마추어가 본분의 대학 스포츠로 돈벌이라니…'라는 낡은 생각에 사로잡혀서는 결코 성공하지 못할 일입니다 그러지 않기 위해서라도 본거지의 노하우가 필요하다고 판단했습니다.

2016년 12월에는 요시모토쿄고(吉本興業)(오사카 소재)와 포괄 제휴 협정을 맺었습니다. 일본의 대표적인 코미디 기업인 요시모토의 노하우를 배워, '웃음'과 '실학 교육'을 협업하여 오사카다운 '재미있는' 연구와 교육을 전개하는 것이 목적입니다.

이미 의과대학의 연구자들이 웃음을 통한 의학적 효과를 검증하기 위해 극장에서 만담을 보았을 때의 심박수와 혈압을 측정하는 실험을 시작했

지知와 땀과 눈물의
긴키대학류 커뮤니케이션 전략

습니다. 2주마다 측정하여 웃음의 효과가 의학적으로 입증되면, 정신 질환을 앓는 환자들의 치료법으로 도움이 될 것입니다. 그 밖에도 취업 활동의 하나인 면접 준비 대책으로 연예인들을 초빙해 '면접에서 떨어지지 않는 대화법 강좌'를 개최하기도 합니다.

오사카는 웃음 센스가 넘쳐나는 재미있는 도시로, 현대 사회가 요구하는 커뮤니케이션 능력을 연마하기에 가장 적합한 지방인 것만은 틀림없습니다. 저는 예전부터 이 '오사카의 대학'이라는 점을 세일즈 포인트로 삼고 싶었던 터라, 요시모토 측의 제안에 흔쾌히 승낙할 수 있었습니다.

간사이 지방은 도시별 대학 특성이 두드러집니다. 교토(京都)는 역사와 전통으로 유명하고, 효고(兵庫)는 세련된 항구 고베(神戸)라는 이미지가 있습니다. 그러나 오사카는 학생을 불러들일 만한 매력과 특징이 거의 없습니다. 하지만 웃음과 커뮤니케이션 능력만큼은 전국 어느 도시와 비교해도 뒤지지 않습니다. 이것이 학생을 부르는 세일즈 포인트가 되지 않을까 생각한 것입니다.

저희의 광고를 보고 '오사카의 대학밖에 할 수 없네요'라는 말을 자주 듣습니다. 요시모토 측에서 손을 잡는다면 긴키대학이라고 생각해 주신 것을 영광으로 생각합니다. 요시모토의 활력과 웃음을 배워, 긴키대학에서 오사카다운 '유머 감각이 풍부한 인재'를 사회 각지로 내보내고 싶습니다.

저희가 산학 제휴에 적극적인 두 번째 이유는, 등급을 기준으로 하는 가치관과는 별도로 '돈 버는 대학'이라는 새로운 가치관을 내세우는 것입니다. 긴키대학의 연구 성과가 제품화되어 사회로 확산되고 소비자의 수중에 들어감으로써 '사회 공헌을 실현하는 실학 교육의 대학'이라는 이미지를 정착시키고 싶습니다. 수험생들이 그룹별 서열과는 다른 판단 기준으로 지망교를 선택할 수 있다면 좋지 않을까 싶습니다.

긴키대학 참치로 만든 수프나 콜라겐을 사용한 대기업과의 제휴 상품도 바로 이러한 목적이었으며, 최근에는 부속 농장에서 재배한 과일로 만

지知와 땀과 눈물의
긴키대학류 커뮤니케이션 전략

든 소프트 캔디도 판매하기 시작했습니다. 현지 히가시오사카시(東大阪市)의 골판지 업체와는 골판지로 만든 어린이용 장난감 텐트를 제품화하고 있습니다.

이 같은 산학 제휴는 수익 자체가 목적이 아닙니다. 학내의 연구가 사업에 도움이 되고, 제휴로 인해 사회 공헌이 가능한지를 검토합니다. 그 모든 절차를 거친 후에 파트너 기업을 선정합니다. 사업에 따라서는 대기업과도 손을 잡지만, 가능하면 현지에 집적되어 있는 중소기업을 찾습니다. 중소기업을 위한 서민대학이라는 평가를 받고자 합니다. 그렇게 하는 것이 긴키대학답다는 생각이 들기 때문입니다.

학생과 수험생은 고객

대학계에서 '학생과 수험생은 고객인가?'라는 논란이 일어나기도 합니다. 그럴 때마다 긴테츠 시절의 경험에 비추어 볼 때, 학비와 검정료를 내는 사람이 고객이 아닌 다른 무엇이 될 수 있느냐고 반문하고 싶은 생각이 들었습니다.

저는 긴테츠 그룹 호텔에서 오래 근무했습니다. 종업원으로서 현장 경험을 많이 한 셈이지요. 그 감각으로 보면, 호텔에서는 숙박비를 받는다고 해서 고객에게 무조건 고개를 숙이지는 않습니다. 대가로서 정당한 서비스를 제공하고 만족할 수 있도록 하는 것입니다. 더군다나 대학에서는 문과 계열만 하더라도 연간 100만 엔이 넘는 학비를 내는 그들이 고객이 아니고 무엇이겠습니까? 그 대가로서 학생들에게 마땅한 서비스를 제공하고 만족도 높은 졸업이 되게 하자는 생각은 당연하다고 봅니다.

그렇기 때문에, 긴키대학은 입학식과 졸업식에도 최선을 다하고자 특별히 고집하는 것입니다. 그리고 평소에도 학생들과 학부모들에게 편리하고 만족도 높은 서비스를 제공하기 위해 노력하고 있습니다. 2014년 가을에 인터넷 쇼핑 대기업 아마존 재팬(도쿄 소재)과 제휴 협정을 체결한 것도 그 한 예입니다. 이 제휴에서는 교과서나 학습 참고문

헌을 온라인으로 구매할 수 있도록 아마존 인터넷 쇼핑 사이트에 전용 페이지를 개설했습니다. 이로 인해 히가시오사카캠퍼스에 다니는 학생 2만 3천여 명은 언제 어디서나 책을 살 수 있으며, 또 신청한 것을 집이나 가까운 편의점에서 받을 수 있게 했습니다.

계기는 그해 봄, 잠깐의 휴식을 위해 건물 밖으로 나갔을 때, 교과서를 구입하려는 학생들의 장사진을 보고 놀란 일이었습니다. 교과서를 판매하는 대학 생협은 전·후기 수업이 시작되는 시기만 되면 북새통이었습니다. 최대 2~3시간이나 줄을 서야 한다는 소리를 듣고, '오픈 캠퍼스에서는 줄 서서 기다리는 일이 없도록 만반의 준비를 해놓고, 입학 후에는 이렇게 줄을 세우다니…'라는 생각이 들었습니다.

아마존으로서도 미래의 고객인 학생들을 인터넷 쇼핑으로 끌어들이는 마케팅이 되기 때문에, 일본의 대학과 제휴를 모색하던 중이었다고 합니다. 그러나 타대학은 기존의 유통 경로에 대한 속

박 등으로 쉽게 실현할 수 없었다고 합니다. 저희는 홍보부 직원이 총무부에 제안한 다음 아마존과의 교섭을 거쳐 일사천리로 체결했습니다. 발표 기자회견에는 아마존 재팬 사장도 출석하는 등, 일본에서 처음 체결한 협정으로 화제가 되었습니다. 교과서 구매 비용이 1인당 약 2만 엔이라고 상정하면, 히가시오사카캠퍼스에서만 연간 4억 엔이 넘는 매출이 됩니다. 그러나 학생들이 반드시 아마존을 이용해야 한다는 규칙은 정하지 않았습니다. 다만, 이 협정으로 인해 교과서를 구매하기 위한 혼잡은 극적으로 완화되었습니다.

2015년 9월에는 학생들의 강의 출결 상황을 학부모들의 PC나 스마트폰에서 간단히 체크할 수 있는 시스템을 구축했습니다. 학부모용 포털사이트입니다. IC카드로 출결을 관리한 데이터가 서브에 보존되어, 그것을 학부모들이 볼 수 있게 한 것입니다.

뉴스 릴리스를 배포하자 큰 화제가 되는 동시에 의구심을 갖는 사람들도 많아 엄청난 반향을

지知와 땀과 눈물의
긴키대학류 커뮤니케이션 전략

불러왔습니다. '대학생이나 됐는데 지나친 과잉보호가 아니냐?' '초딩이냐?'라는 식이었습니다. 하지만 이 서비스는 '재학생의 퇴학과 유급 문제를 진지하게 직시하기 위해' 고안한 것입니다. 긴키대학에서는 안타깝게도 연간 약 1.5%의 퇴학자가 나옵니다. 퇴학은 교육 문제이기도 하지만 대학의 경영에도 영향을 끼치므로 간과할 문제는 아니었습니다.

퇴학하는 이유를 조사해 보면, '수업을 따라가지 못해서'라는 학생이 꽤 있습니다. 아마도 아르바이트 등으로 결석이 잦다보니 강의 내용을 이해할 수 없게 되는 경우가 많은 것 같습니다. 그런 학생의 생활 패턴이 흐트러지는 것을 학부모와 함께 조기 발견해, 퇴학을 미연에 방지하는 일이 대학으로서 중요한 책임이라고 생각했기 때문입니다.

실제로 출결 상황을 실시간으로 확인하는 학부모는 개설 6개월 동안 6.8%로, 그다지 많지는 않습니다. 그러나 '자녀들의 모습이 평상시와 다르다'고 느끼는 학부모의 직감을 강의 출결 상황으로 확인하는 데 도움이 되었으면 하는 취지를 이해하고

06. 사립대학은
기업인가?

'잘 보살피는' 대학이라는 평가도 받고 있습니다.

그리고 2016년 4월부터는 졸업증명서를 편의점에서 발급하는 서비스와 VISA대금 선불 기능이 달린 학생증 발급을 시작했습니다. 긴키대학에서 발급하는 졸업증명서는 연간 8천 통 정도로, 종래에는 대학 창구나 우편으로 청구했지만, 이제는 전국 편의점에서 수수료 1,000엔으로 즉시 발급받을 수 있게 되었습니다. 학내 발급 200엔에 비하면 좀 비싼 감도 없지 않지만, 도쿄에서 취업 활동 중에 갑자기 졸업증명서가 필요할 경우에는 바로 대응할 수 있어, 이용자는 예상했던 것보다 많습니다. 대금 선불 기능이 달린 학생증도 신용 카드는 아니지만, 인터넷에 접속하면 자신의 계좌에서 송금하는 신용 카드처럼 사용할 수 있습니다. 유학하는 학생에 대한 송금 수요에도 대응할 수 있는 학생증으로, 학부모들도 관리하기 쉬운 장점이 있습니다.

이러한 일들은 대학계에서 선례가 없는 일이어서 찬반은 차치하고 화젯거리는 됩니다. '과잉보호'라는 비판을 들어도, 학생과 학부모의 만족도를

지知와 땀과 눈물의
긴키대학류 커뮤니케이션 전략

소중히 할 수밖에 없습니다. 앞으로도 학교생활의 향상으로 이어지는 서비스라면 주저하지 않을 겁니다. 몇 년 후에는 대학계의 표준이 되어 있을지 모르는 일이기도 합니다.

홍보 발신으로 마케팅을 창출하다

긴키대학의 지명도를 전국구로 끌어올린 긴키대학 참치는 실학 교육을 쉽게 알리는 최강의 콘텐츠지만, 언제까지나 참치 참치 할 수만은 없습니다. 그래서 '참치 이외의 소재'를 찾게 되었습니다. 물론 학내에는 학술적으로 참다랑어 완전 양식보다 더 훌륭한 학술 연구도 없지는 않지만, 참치 이상 세간으로 확산되어 큰 임팩트를 주는 성과도 찾아보기 힘듭니다.

그러던 중에, 3장에서 간단히 언급한 '긴키대학발 메기'가 태어났습니다. 농학부의 연구자가 장어 대용으로 먹을 수 있는 물고기를 연구해, 메기로 장어 맛을 내는 실험에 성공했다는 정보가 홍보부로도 들어왔습니다.

이 연구자는 담수어 중에서 흰살 생선으로 살이 많은 메기에 착안하여, 보통 요리로는 민물고기 특유의 흙냄새가 나지만, 먹이와 사육하는 수질이 맛에 영향을 끼친다는 사실을 규명했습니다. 그래서 지하수 이용과 먹이의 배합 등으로 흙냄새를 해결한 뒤에 드디어 최상의 맛을 구현한 것입니다.

이 성과에 대해 홍보부 직원은 미디어의 취재와 이목이 집중되는 2016년 7월 '도요노우시노히(土用の丑の日)'[1]에 맞추어 발표했습니다. 그리고 오사카 우메다와 도쿄 긴자에서 운영하는 긴키대학 직영 레스토랑에서 이벤트로 꾸몄습니다. 각각 한정 50인분 '장어맛 메기 덮밥'을 1인분 2,200엔으로 시험 판매했습니다.

'도요노우시노히'라고 하면 매년 장어의 자원 고갈로 품귀 현상과 가격 앙등 뉴스가 판을 치는

---

1 역주: 한국의 복날과 비슷한 개념으로 더위를 이기기 위해 주로 장어를 먹는 날.

지知와 땀과 눈물의
긴키대학류 커뮤니케이션 전략

가운데 장어 대용품으로 메기 양념구이를 제안한
결과, 언론에서도 크게 다루었습니다.

솔직히 말해 저는 이번 기획에 관여하지 않았
습니다. 이즈음 되니까, 그간의 경험을 쌓은 홍보부
직원들이 뉴스 릴리스 방법을 독자적으로 고안합니
다. 홍보는 타이밍이 중요하기 때문에 '도요노우시
노히'에 맞춘 적절한 PR이었다고 생각합니다.

물론 이 연구도 사업화되어, 유통 대기업 이
온AEON 등에서 대량 발주를 받았습니다. 홍보
를 통해 인지도가 높아지고, 개발 성공과 함께 바
로 판매로 이어진 것입니다. 그리고 장어 양식업자
가 바로 진출할 수 있도록 생산기술의 프랜차이즈
화도 구축했습니다. 그 후 저가항공회사LCC 피치
아비에이션Peach Aviation에서 유료 기내식으로 채
용한 것도 화제를 모았습니다. 현재는 긴키대학 수
산연구소에서 메기 치어의 대량 생산을 위한 연구
도 시작했습니다.

이와 같은 학내 연구를 후원할 수 있는 일은
홍보부로서도 매우 보람이 있습니다. 인터넷을 통

06. 사립대학은
기업인가?

해 불특정다수로부터 자금을 모으는 클라우드 펀딩을 활용한 '긴키대학 허니' 프로젝트도 그중의 하나입니다. 이것은 한 연구자가 고기능 벌꿀을 개발하기 위한 연구비 마련에 고심한다는 소문을 듣고, 홍보부 직원이 자금 조달을 위한 새로운 방법으로 제안한 것입니다.

직원은 도쿄의 운영회사와 직접 교섭해, 꿀벌의 꿀에 포함된 상처 치유 성분을 살린 제품을 개발할 목적으로 2016년 6월에 자금 모집을 개시했습니다. 목표로 한 20만 엔을 훨씬 웃도는 165만 엔을 모금했습니다. 펀딩 방식에 의한 자금 활용은 일본의 대학으로서는 첫 도전이었으며, 긴키대학 허니는 실학 교육의 긴키대학으로 PR하는 뉴스가 되어 크게 보도되었습니다.

지知와 땀과 눈물의
긴키대학류 커뮤니케이션 전략

홍보 퍼스트에서 홍보 경영으로

저희 홍보가 긴키대학에 관한 뉴스를 얼마나 효과적으로 발신하기 위해 노력하고 있는지를 이해하셨으리라 믿습니다. 이제는 한 발 나아가, 홍보부 자체에서 뉴스거리를 만드는 방침으로 무게 중심을 옮기고 있습니다. 이것을 저희는 '홍보 퍼스트'라 부르고 있습니다.

애플은 경영에 디자인을 도입시킨 '디자인 경영'으로 유명합니다. 애플은 자사에서 모든 제품을 만드는 회사가 아닙니다. 타사에서 만든 다양한 부품을 모아, 아이디어와 발상으로 세계를 석권하고 있습니다.

제품의 디자인뿐만 아니라, 그 제품을 사용하는 고객의 체험마저도 디자인해 기술력을 자랑하는 일본 메이커에서는 찾아볼 수 없는 가치를 창출했다고 할 수 있습니다.

저희 대학도 그 점에서는 마찬가지로, 아이디어와 발상이 승부라고 생각합니다. 다만 대학은 메이커가 아니기 때문에 제품을 디자인하는 일은 없습니다. 이미 설명드린 것처럼, 대학의 재무 체질은 아주 심플합니다. 긴키대학은 부속병원의 의료 수입 비중이 크지만, 학생들이 모여야 대학 경영이 이루어집니다. 그래서 저희가 주력하는 것은, 홍보 퍼스트로 대학 자체를 디자인하여 수험생은 물론, 학부모를 비롯한 세간으로 발신하는 것입니다. 이른바 '홍보 경영'이라고 할 수 있습니다.

이와 같은 일이 가능하게 된 데에는, '2018년도 문제'로 상징되는 18세 인구의 감소가 본격화하는 가운데, 긴키대학의 경영층과 위기감을 공유했기 때문입니다. 그래서 본서에서 여러 번 언급한 찬반양론이 분분한 개혁도 순조롭게 진행할 수 있었던 것입니다.

그렇다면, 앞으로 긴키대학을 어떻게 디자인할 것인가? 끊임없이 새롭고 유머러스한 일에 도전하면서 과거의 긴키대학 이미지를 깨부수고, 일본 대학계의 케케묵은 브랜드 상식 또한 타파해 나갈 것입니다.

찰즈 다윈은 '이 세상에 살아남는 생물은 가장 강한 자일까? 그렇지 않습니다. 가장 머리가 좋은 자일까? 그렇지도 않습니다. 그것은 변화에 적응할 수 있는 생물입니다.' 라고 말하고 있습니다. 그래서 저희는 '변화에 대응할 수 있는 대학'으로서, '끊임없이 도전하는 대학' 이미지로 연결되는 정보를 지속적으로 내놓고 있습니다. 이것이 멈추는 순간, 평가는 장담할 수 없습니다. 지금까지의 성공은 잊어버리고, 새로운 도전에 박차를 가해야 합니다.

긴키대학이 6년 연속으로 지원자 수 전국 1위를 달성하고 있어도 저희가 대학계의 무엇을 바꾸었다는 실감은 아직 없습니다. 확실히 지원자 수는 증가했지만, 간간도리츠와의 양다리 작전으로 긴키대학을 지원하는 학생이 많다면 마냥 웃을 일은 아닙니다. 그리고 가령 등급이 상대적으로 올라간다 할지라도 그렇게 되면 시험에 응시하는 것 자체를 꺼리는 딜레마에 빠질 수도 있습니다.

간간도리츠와 긴키대학에 모두 합격한 학생

지知와 땀과 눈물의
긴키대학류 커뮤니케이션 전략

이 긴키대학으로 진학하는 비율은 아직 2.6%에 불과합니다. 하지만 제로가 아니기 때문에, 앞으로 3%, 나아가 5%로 올릴 수 있다는 희망을 품고 있습니다. 이렇게 한 발 한 발 나아간 결과, 50%를 넘었을 때 정말 지각변동을 일으켰다고 할 수 있지 않겠습니까?

애플은 바로 그런 현상을 일으키고 있습니다. 10년 전 만해도 이렇게까지 많은 일본 사람이 일본 제품이 아닌 애플의 스마트폰 'iPhone'을 사용하는 시대가 오리라고는 그 누구도 생각하지 못했을 겁니다. 애플이 디자인 경영으로 이루어 낸 것과 같이, 홍보를 경영의 축으로 삼아 긴키대학을 일본 대학의 애플로 성장시키려는 계획이 저의 본심입니다.

경쟁 없는 환경에 안주하는 일본의 대학계는, 이대로 가면 급성장하는 신흥국 대학의 뒤를 좇게 될 수도 있습니다. 도쿄대학의 세계적 순위가 낮아진다는 것은 상대적으로 일본의 모든 대학이 평가 절하되는 일입니다. 도쿄대학은 전 세계를 상대로 도약해야 합니다. 그렇지 않으면 긴키대학이 나설 수밖에 없습니다. 저희에게는 그런 기개가 있습니다.

그리고 수험생이 대학 이름만으로 진학을 결정하지 않고, '이런 공부를 하기 위해 이 대학에 간다'는 사고방식이 일반화되는 세상이 되면, 일본 대학의 국제 경쟁력도 당연히 높아질 것입니다.

저희는 헤엄치는 것을 그만두면 호흡 곤란으로 죽고 마는 참치와 같이, 앞으로도 활동을 멈추지 않고 끊임없이 도전하겠습니다. 그리 머지 않은 미래에 일본의 대학계도 상식과 비상식이 교체되는 시대가 오리라 믿으며, 앞으로도 진격의 자세를 유지할 것입니다.

지知와 땀과 눈물의
긴키대학류 커뮤니케이션 전략

부록

긴키대학 홍보부

뉴스 릴리스 목록

2016년도 1년간 긴키대학이 발신한 뉴스 릴리스를 목록으로 정리했습니다. '5지'는 전국지인 아사히신문(朝日新聞), 요미우리신문(読売新聞), 마이니치신문(毎日新聞), 산케이신문(産経新聞), 닛케이신문(日経新聞)이며, '타지'는 지방 신문과 스포츠 신문을 포함합니다. 그리고 'TV'는 텔레비전 뉴스를 가리킵니다. 거론된 매체에는 O를 붙였습니다.

No	월	전송일	제 목	5지	타지	TV	소 관
1	4월	1일	긴키대학부속도요오카(豊岡) 중·고등학교 교장 호소가와 요시나오(細川 嘉直) 씨 취임				도요오카 중고등학교
2	4월	1일	니시니혼(西日本) 최다 1,251명 신입생 긴키대학부속중·고등학교 입학식 거행				부속 중고등학교
3	4월	1일	수상경기부·복싱부·양궁부에 이어 체육회 가라테도부가 중점 강화 클라스로 지정				스포츠 진흥센터
4	4월	1일	도쿄올림픽 메달 획득 겨냥 복싱부 새 지도체제 발표	○	○		스포츠 진흥센터
5	4월	4일	학부모 요구에 부응한 호평 서비스 '학부모용 포털 사이트' 캠퍼스 전역 이용 가능	○	○	○	교학본부
6	4월	5일	긴키대학 공업고등전문학교 2017년도 (제55회) 입학식 거행			○	공업고등 전문학교
7	4월	6일	돌고래의 양부모 행동 세계 최초로 발견: 육아 경험이 없는 개체가 무관한 새끼의 양부모가 되다	○	○	○	농학부
8	4월	8일	경영학부 학생이 구(旧) 가와즈미케(河澄家)에서 히가시오사카 문화 발신: 외국인 대상 고이노보리 제작 이벤트 개최			○	경영학부
9	4월	11일	말레이시아 사바대학 학장에게 명예박사 수여 양식 기술 분야의 인재 육성에 공헌				수산연구소
10	4월	13일	말레이시아 사바대학 학장 일행 수산연구소 시찰 아시아 수산업 진흥과 발전을 목포		○		수산연구소

지知와 땀과 눈물의
긴키대학류 커뮤니케이션 전략

11	4월	15일	국제학부 개설에 따라 대학 전체 글로벌화 추진 스위스 주일대사 강연회 개최				경영학부
12	4월	18일	학생들이 지역과 대학의 교류 거점을 창출 나가야(長屋) 재생 프로젝트 비공식 관람회 개최		○	○	건축학부
13	4월	18일	5년간의 활동 보고와 지방 창생을 위한 제언 'All Kindai' 가와마타쵸(川俣町) 부흥 지원 프로젝트 보고회	○	○	○	사회제휴 추진센터
14	4월	19일	무대음악가 미야가와 아키라(宮川 彬良) 씨 지휘 담당 '제40회 POPS 콘서트' 개최			○	학생부
15	4월	19일	대규모 유학을 실현하기 위한 지원 시스템 구축 국제학부 Salesforces 클라우드 서비스 도입				국제학부
16	4월	19일	산관학이 제휴한 실천적 프로그램으로 인재 육성 애그리 비지니스 마이스터 탄생			○	농학부
17	4월	19일	지역 자연 활성화 협력 농가와 함께 17년째 벼 농사 실습: 볍씨 뿌리기 실시				부속 히가시 히로시마교
18	4월	20일	'녹색의 날' 자연 환경 공로자 환경부장관 표창 수상 '조사·학술 연구 부문'				농학부
19	4월	21일	긴키대학 수상경기부 졸업생 이리에 료스케 (入江 陵介) 선수·야마구치 미사키 (山口 美咲) 선수 리우올림픽 출전 보고 위해 모교 방문	○	○	○	스포츠 진흥센터
20	4월	21일	헌혈하면 라멘 공짜! 농학부 학생 현지 라면점과 협동 헌혈	○	○		농학부

부록
긴키대학 홍보부

번호	월	일	내용				부서
21	4월	22일	판매액 일부 구마모토(熊本) 지진 재해지에 기부 '긴키대학 참치' 학생들에게 제공		○		학생부
22	4월	22일	약 1,100 명 참가, 후쿠야마(福山) 지역 최대 규모 체육대회 개최 긴키대학부속히로시마중·고등학교				부속 히로시마 후쿠야마 중고등학교
23	4월	25일	이코마시(生駒市)×긴키대학 포괄 제휴 협정 체결 관학 제휴로 인한 지방창생과 인재육성 추진	○	○		총무부
24	4월	26일	부속고교생~대학OB·OG 음악으로 잇는 콘서트 '제2회 콘서트'			○	학생부
25	4월	26일	히가시노 하루유키(東野 治之)·오무라 사토시(大村 智) 씨 강연 히로시마 첫 개최 니폰가쿠시인(日本学士院) '제64회 공개 강연회' 개최	○	○	○	공학부
26	4월	26일	긴키대학 안티에이징센터 주최 제15회 시민 공개 강좌 (수강 무료)	○	○	○	약학부
27	4월	28일	'빈집 문제' '이주자 수용' 히가시히로시마시(東広島市) 문제 해결책으로 '빈집 재생 프로젝트' 출발	○	○	○	공학부
28	4월	28일	긴키대학 농학부 공개 강좌 ~식품의 안심·안전~ '인을 과다 섭취하면?' '정전기가 음식의 안전에 공헌?'				농학부
29	4월	28일	초중생에게 대인기! 과학을 접하고 즐겁게 배우는 이벤트 긴키대학 과학 축제 2016 ~체험!! 과학의 불가사이~	○	○	○	이공학부

지知와 땀과 눈물의
긴키대학류 커뮤니케이션 전략

30	5월	6일	쿠마모토(熊本) 지진과 요시노(吉野) 벚꽃을 위한 모금 실시 요시노 벚꽃 모금은 2학년 대표가 '요시노 벚꽃을 지키는 모임'에 증정	○	○		부속 초등학교
31	5월	6일	간호사의 첫걸음 '대모식' 실시 간호사 캡을 받고 간호사로서의 각오를 새로이 다짐	○	○		부속 후쿠오카 고등학교
32	5월	9일	긴키대학 농학부 공개 강좌 "음식으로 얻는 건강 수명" '식품 질병 예방' '슈퍼 식물로 음식과 연료를 고생산!!'	○	○		농학부
33	5월	10일	뉴욕에서 개최된 제22회 'Communicator Awards'에서 일본 대학 최초! 긴키대학 국제학부 소개 동영상 2부문 은상 수상				국제학부
34	5월	11일	긴키대학 생물이공학부 공개 강좌 '이너 머슬의 참 기능과 이를 위한 훈련법'		○		생물이공학부
35	5월	11일	전 6캠퍼스의 'LDAP Manager'를 AWS로 통합 학생·교직원 계정 정보 5만 건 일괄 관리		○		종합정보 시스템부
36	5월	12일	긴키대학 건축학부×야오시(八尾市) 제휴 협정 사업 시영주택 리노베이션 프리오픈 이벤트 개최	○	○	○	건축학부
37	5월	12일	긴키대학발 장어 맛 메기 '피치항공' 기내식 한정 판매 결정 보도 관계자용 시식회 개최	○	○	○	세계경제 연구소
38	5월	13일	긴키대학 의학부 부속병원·의학부 사카이(堺) 병원 미숙아 망막증 치료로 국제적 공헌	○	○		의학부

39	5월	16일	미쓰이스미토모은행, 미쓰이스미토모파이낸셜그룹과 블록 체인 기술에 관한 공동 연구 개시	○	○		산업 이공학부
40	5월	16일	사고·SNS에 말려들지 않기 위한 교통 안전· 방범 강습회 실시		○	○	부속 히로시마 히가시 히로시마 중고등학교
41	5월	17일	긴키대학 공업고등전문학교 2016년도 제1회 시민 공개 강좌 '지역 경제를 살리는 이코노믹 조경'		○	○	공업고등 전문학교
42	5월	20일	아시아 초음파 의학생물학 학술 연합 (AFSUMB) 창립 30주년 기념식전 및 Ultrasonic Week 2016 개회식				의학부
43	5월	20일	긴키대학 영어촌 E^3[e-cube] 입장객 100만 명 돌파				영어촌 E^3[e-cube]
44	5월	23일	홍콩 최대 학생 수 대학 홍콩이공대학 건축· 환경학부 학생 긴키대학 방문				건축학부
45	5월	23일	긴키대학 생물이공학부 공개 강좌 '먹거리를 과학하다' '신체는 소형·정밀한 화학 브랜드'	○	○		생물이공학부
46	5월	23일	인권 교육 강연회 '사는 것이 행복하다!' '생명의 소중함' 재확인과 관대한 인권· 도덕 의식 배양	○	○		부속 와카야마 중고등학교
47	5월	24일	의료 관계자용 '하이브리드 수술실' 견학회 개최 6월 11일(토) 긴키대학 의학부 부속병원				의학부

지知와 땀과 눈물의
긴키대학류 커뮤니케이션 전략

48	5월	24일	'기업가 육성 심포지움' 개최 최전선에서 활약 중인 경영자가 학생들에게 기업의 성공 비결을 전수				경영학부
49	5월	24일	니시니혼(西日本) 최초! 지원에서 입학 수속까지 완전 전산화 부속초등학교 '에코 출원' 실시	○	○		부속초등학교
50	5월	24일	자동차 주위에서 노는 위험성을 전한다 '사가와큐빙(佐川急便) 교통 안전 교실' 실시				부속유치원
51	5월	25일	긴키대학부속와카야마중고등학교 '고전 만담 감상회' 만담가·카츠라 후쿠단지(桂 副團治) 씨 등 만담				부속 와카야마 중고등학교
52	5월	26일	산업이공학부·규수(九州)단기대학 창립 50주년 기념식전 합동 개최	○	○		산업이공학부
53	5월	27일	7,000 명 이상 대규모 설문조사 신입생 약 75%가 LINE 최다 사용	○	○		학무부
54	5월	27일	최육회 수상경기부 패러스위머 이치노세 메이 (一ノ瀬 メイ) 선수 도요타자동차주식회사 프로젝트 멤버에 기용			○	스포츠 진흥센터
55	5월	30일	일본 최초! Visa 프리페이드 학생증 카드 활용 촉진을 위한 '캐시리스 사회'를 배우는 강연회 개최				학생부
56	6월	1일	긴키대학부속히로시마후쿠야마 중·고등학교 학교 약제사가 약물 위험성을 계몽			○	부속히로시마 후쿠야마 중고등학교
57	6월	1일	법과대학원 캐리어 형성 지원 프로그램 제4회 '기업용 실전 세미나' 개최				법과대학원

부록

긴키대학 홍보부

58	6월	6일	필드 워크 '종합사회학부에서 GO! 거리 산책'을 가마쿠라시(鎌倉市)에서 개최. 학부생 170명이 가마쿠라시의 매력을 발신				종합사회학부
59	6월	8일	6/18·19 문화제 '긴바이사이(近梅祭)' 개최 구마모토(熊本)지진 피해지 지원과 황새	○	○		부속도요오카 중고등학교
60	6월	8일	농학부 환경관리학과 강사 미국산 메기 생태 해설. 특정 외래 생물의 인지 보급과 문제 제기	○	○		농학부
61	6월	8일	긴키대학부속와카야마중·고등학교 인권 교육 강연회 '당연한 것 안에 있었던 소중한 것~친절함과 슬픔에서 생겨난다~'	○	○		부속 와카야마 중고등학교
62	6월	10일	이과를 좋아하는 초등생, 긴키대학 공학부로 모여라! '재미있는 화학 실험 마술' 개최! 영감과 설렘의 사이언스		○		공학부
63	6월	13일	긴키대학 생물이공학부 공개 강좌 '복제 기술을 구사해 동물원 동물·멸종위기 동물을 연구하다' '정밀 인체모델을 이용한 생활 공간 디자인'				생물이공학부
64	6월	14일	히가시히로시마시(東広島市) 와쿠와쿠 (두근두근)·와크(워크)·체험 위크 현지 중학생이 대학에서 직장 체험				공학부
65	6월	14일	긴키대학 공업고등전문학교 2016년도 제2회 시민 공개 강좌 '지방창생에 대한 고등교육 기관의 역할'	○	○	○	공업고등 전문학교
66	6월	14일	문예학부×민들레의 집 아트센터 HANA 장애자를 위한 댄스 워크숍 개최				문예학부

지知와 땀과 눈물의
긴키대학류 커뮤니케이션 전략

67	6월	15일	긴키대학교 원자력연구소의 히가시니혼 (東日本) 대지진 복구 지원 활동 일본 원자력학회 관서지부상(공로상) 수상				원자력연구소
68	6월	15일	긴키대학 국제학부 9월 전원 유학 대비 '영어로 배우는 유카타 복식 교실' 개최			○	국제학부
69	6월	16일	'주권자'로서 정치 참여 의식 고양 위해 고등학생 890명 '모의 선거' 체험	○	○	○	부속 중고등학교
70	6월	17일	쥬쿄(中京)은행×긴키대학 '산학 제휴 협정서' 체결	○	○	○	학술 연구지원부
71	6월	17일	기요(紀陽)은행과 제휴해 지방창생에 공헌 '긴키대학 생물이공학부 학내 합동 기업 설명회' 개최				생물이공학부
72	6월	17일	긴키대학 문예학부 예술학과 무대예술전공 고등학생들에게 선거를 소재로 한 연극 피로	○	○	○	문예학부 부속 중고등학교
73	6월	20일	진로 미정자 약 40%가 진로 결정 'TUNAGU(잇는) 프로젝트' 초년도 실시 보고				캐리어센터
74	6월	20일	긴키대학 공업고등전문학교 2016년도 제3회 시민 공개 강좌 '여름을 건강하게 ~열사병 예방 기본 지식~'	○	○	○	공업고등 전문학교
75	6월	22일	긴키대학×주식회사 긴키(近畿) 오사카은행 산학관(産学官)제휴 협정 체결	○	○	○	학술연구 지원부
76	6월	22일	생물이공학부 공개 강좌 '빛의 마리오네트 ~식물 성장 빛으로 조종' '미크로 세계의 치매 ~슈퍼컴퓨터 활용~'		○	○	생물이공학부
77	6월	23일	일본 최초! 긴키대학×주식회사 CHAMPFIRE 제휴 클라우드 펀딩으로 연구 자금 조달 추진	○	○		학술연구 지원부 공학부

부록
긴키대학 홍보부

78	6월	23일	리우올림픽·패럴림픽 출전 선수 격려회 개최 안내				스포츠 진흥센터
79	6월	24일	긴키대학 공학부 주최 '제14회 히가시히로시마(東広島) 지역 중학교 야구대회' 긴키대학 이사장배 쟁탈전 13중학교 열전				공학부
80	6월	24일	외무성 전 이세시마(伊勢志摩) 정상회담 준비국장 다키자키 시게키(滝崎 成樹) 씨 강연 "이세시마 정상 회담의 의의와 그 이면"				국제학부
81	6월	24일	학생 발안! 제50회 농학부 축제 프리 이벤트 농학부의 연구 성과 '긴키대학발 메기덮밥' 학생들에게 제공	○	○		농학부
82	6월	27일	긴키대학 영어촌 E³[e-cube] 개설 10주년 입장자 100만 명 돌파 기념 이벤트			○	영어촌 E³[e-cube]
83	6월	27일	1학년 전원 해외 유학 (1학년 후기~ 2학년 전기) 학부모 대상 유학전 오리엔테이션 개최				국제학부
84	6월	27일	긴키대학이 개발한 '긴노케이란(近の鶏卵)'· '금상 건강쌀' 사용 오무라이스 전국 농협 콩쿠르 전국대회 기념 제공	○	○		농학부
85	6월	27일	'도라에몽 선창' 나코자(寧鼓座)의 전통북 연주 부속유치원 축제 개최				부속유치원
86	6월	28일	MOS시험 2015년도 '오디세이 스쿨 오브 더 이어' 수상 "10년 연속 1위 수상" 표창식 개최				캐리어센터

지知와 땀과 눈물의
긴키대학류 커뮤니케이션 전략

87	6월	28일	7월 10일(일)은 긴키대학 후쿠야마로 가자! 2016년도 '오픈 스쿨' 개최			부속 히로시 마후쿠야마 중고등학교
88	6월	29일	긴키대학 큐레이션 사이트 'Kindai Picks' 뉴스 사이트 'Yomerumo' 기사 보도 개시			홍보부
89	6월	29일	안정된 치료를 위한 투석 장치의 고도화와 다양화에 대응 제3회 투석 장치 최신 모델 조작 연수회			생물이공학부
90	6월	29일	긴키대학 약학부 공동 개발 콜레스테롤 저감란 사용 '긴노케이란(近の鶏卵) 계란말이' 출시			농학부
91	6월	30일	긴키대학 부속병원 소아과 의사의 요청으로 실현 기시와다시(岸和田市) 음악단 미니콘서트 개최			의학부
92	6월	30	아테네올림픽 금메달리스트 부속초등학생들에게 수영 전수 '긴키대학 수상경기부 감독 야마모토 타카시 (山本 貴司) 씨 수영 지도' 실시			부속초등학교
93	6월	30일	긴키대학산 '청보리멸'과 '맛있는 오리' 사용 긴키대학 브랜드 식재 새 메뉴 3종 출시	○	○	수산연구소 부속농장
94	7월	1일	주오사카대한민국총영사관 하태윤 총영사 강연회 '글로벌 시대의 외교와 한일 관계'			국제학부
95	7월	1일	말레이시아 사바대학 연수생 방일 7월 7일(목) 환영식전 재말레이시아 일본대사 출석		○	수산연구소

번호	월	일	내용				담당
96	7월	1일	긴키대학 안티에이징센터 제16회 시민 공개 강좌 "입과 귀의 안티에이징 -하고 싶은 대로 말하는 입과 귀신같이 잘 듣는 귀를 언제까지나! "				약학부
97	7월	4일	애니메이션 연구가 도이 노부아키(土井 信彰) 씨 강연회 세계에서 수집한 '이상한' 애니메이션에 대해	○	○	○	문예학부
98	7월	4일	최다 기록! 7단체 전국대회 출전 2016년도 전국대회 격려회 개최		○		부속 와카야마 중고등학교
99	7월	5일	드론이 날아왔다 -세계No1 드론메이커 DJI의 사례 연구-드론시장을 독점하는 중국기업 DJI란?	○	○		경영학부
100	7월	5일	긴키대학 생물이공학부 공개 강좌 "생물의 나노 테크놀로지와 기능성 재료의 응용" "인공 장기와 몸의 관계"				생물이공학부
101	7월	5일	고교대항 경기 대회 상위 입상을 위하여 마츠야마 아오이(松山 葵偉) 선수 (히로시마현 고교총체 남자 73키로급 우승)가 맹연습				부속 히로시마 후쿠야마 중고등학교
102	7월	6일	이공학부 바이오 코크스 연구소 공개 강좌 2016 '환경의 행방과 화학의 즐거움'				이공학부
103	7월	6일	드론으로 캠퍼스 공중 촬영, 생방송 시청 가능 '오픈 캠퍼스 2016' 개최				부속 와카야마 중고등학교
104	7월	7일	수도권 산학 제휴 활동 발전을 위해 '긴키대학 연구 시즈 발표회' 개최		○		학술연구 지원부

지知와 땀과 눈물의
긴키대학류 커뮤니케이션 전략

105	7월	7일	강연회 '글로벌 시대의 외국어교육 본연의 자세 재고찰' 협동 학습을 도입한 외국어수업 진행 방법				경영학부
106	7월	7일	리우올림픽·패럴림픽 격려회 개최 수영경기·양궁에서 메달 획득을 목표	○	○	○	스포츠 진흥센터
107	7월	7일	문화디자인학과 새로운 캐리어 교육 개시 사토미 스즈키 씨 초빙: 미래의 청사진을 그리다				문예학부
108	7월	8일	국제학부 객원교수 무라타 코지(村田 晃嗣) 씨 강연회 '글로벌적인 사고로 로컬하게 생활하라'				국제학부
109	7월	8일	리우패럴림픽 일본 대표 이치노세 메이 (一ノ瀬 メイ) 선수 히가시오사카시장 (東大阪市長) 예방	○	○		스포츠 진흥센터
110	7월	11일	전국 톱클라스 취업 실적! 취업에 강한 긴키대학의 비밀을 공개 산업이공학부 오픈 캠퍼스 2016 개최		○		산업이공학부
111	7월	12일	공업고등전문학교 육상경기부 전국대회 출전 가메이 토시카츠(亀井 利克) 나바리시장 (名張市長) 예방	○	○	○	공업고등 전문학교
112	7월	12일	프로그래밍·게임 개발 IT캠프 실시 7월14일(목)~16일(토) 'Life is Tech!'와 협업				부속 중고등학교
113	7월	13일	"꼴찌 소녀"의 저자·카리스마 학원강사 츠보타(坪田) 선생 특별 강연 실시 니시니혼 최대 규모 오픈 스쿨 개최			○	홍보부
114	7월	13일	재미있는 요리 실험과 수업 체험 등 기획 만재 하기 오픈 스쿨 개최		○		부속 신구(新宮) 중고등학교

115	7월	13일	고등학생이 '긴키대학 참치'의 부화를 관찰 체험으로 배우는 고대(高大) 제휴 프로그램				부속 신구(新宮) 중고등학교
116	7월	13일	도요노우시노히(土用の丑の日)는 '긴키대학 메기'로 맛과 지방질 파워 업, 보도관계자용 시식회 개최	○	○	○	세계경제 연구소
117	7월	13일	환경관리를 배우는 학생이 캐리어 형성 발표 '에코로 일하는 2016' 개최	○	○		농학부
118	7월	14일	제29회 긴키대학 의학부 시민 공개 강좌 ~ 블루 리본 캐러벤 '좀 더 알기를 원하는 대장암에 대해'	○	○		의학부
119	7월	14일	호주 캔버라대학생 긴키대학 동아리활동 견학 호주 출신 가라테도(空手道) 7단 긴키대학 강사가 일본 무도를 소개				국제교류실
120	7월	15일	긴키대학 히가시오사카캠퍼스 중앙도서관 대학 도서관을 고등학생들에게 개방 (8/5~9/12)	○	○		중앙도서관
121	7월	15일	긴키대학 농학부 오픈 캠퍼스 개최 7월 30일(토)~31일(일) 나라(奈良)캠퍼스				농학부
122	7월	15일	긴키대학 부속 후쿠오카(福岡) 중고등학교 '2016년도 오픈 캠퍼스' 개최				부속 후쿠오카 중고등학교
123	7월	19일	네들란드 국립남대학교 학생과 긴키대학 공업고등전문학생이 교류			○	공업고등 전문학교
124	7월	20일	미래의 재생 의료를 짊어질 긴키대학 부속 고등학생 대상 재생 의료 워크숍 ~ iPS세포를 현미경으로 관찰~				의학부 부속 중고등학교

지知와 땀과 눈물의
긴키대학류 커뮤니케이션 전략

125	7월	20일	전 IBF세계 최소급 챔피언 다카야마 카츠나리 (高山 勝成) 선수 대학 방문 체육회 복싱부 부원과 스파링	○		스포츠 진흥센터
126	7월	20일	생물이공학부 오픈 캠퍼스 2016 7월 31일(일) 와카야마(和歌山)캠퍼스	○		생물 이공학부
127	7월	20일	긴키대학×태국·첸마이대학 단기연수생 수용 프로그램 실시			농학부
128	7월	20일	중·고·대학교 제휴 볼거리 다양한 오픈 스쿨 긴키대학 부속 히로시마 히가시히로시마 중고등학교			부속 히로시마 히가시 히로시마 중고등학교
129	7월	20일	긴키대학 부고 졸업생 3명 리우올림픽 수영경기·승마장애물 출전 재학생이 리우올림픽에서의 건투를 기원			부속 중고등학교
130	7월	22일	긴키대학 산업이공학부 소년 야구대회 '제11회 가마노사토(嘉麻の里)배'에 참가			산업 이공학부
131	7월	22일	하기 오픈 스쿨 긴중력(近中力) 시범 테스트 개최 긴키대학 부속 도요오카(豊岡) 중고등학교			부속 도요오카 중고등학교
132	7월	22일	기능성 향기 분자를 배합한 입욕제 세계 최초로 개발 향기로 지방 창생 '구마노코도(熊野香道)' 시리즈 출시	○		이공학부
133	7월	25일	공익재단법인 히가시히로시마시(東広島市) 교육 문화 진흥 사업단에 협력 '종이접기 건숙(송이 세공) 학부모 교실' 개최			공학부

부록
긴키대학 홍보부

134	7월	25일	학생이 일본의 전통적 식품 보존·가공 기술 계승 '붕어초밥' 만들기 체험 실습 실시		○		농학부
135	7월	25일	'초중생을 위한 정보 과학 교실' 개최 7월 31일(일) 긴키대학 히가시오사카캠퍼스	○	○		이공학부
136	7월	26일	학생 유턴 취업 지원 가가와현(香川県)×긴키대학 취업 지원 관련 협정 체결	○	○		캐리어센터
137	7월	27일	긴키대학 산업이공학부 건축·디자인학과 작품 전시 'KenDe Works 2016 하기 전시' 개최				산업이공학부
138	7월	29일	긴키대학 의학부 부속병원×다치바나(立花) 용기(주) 공동개발 간호사의 조언으로 태어난 의료 기구 출시				의학부
139	7월	29일	규슈(九州)단기대학 2016년도 오픈 캠퍼스 개최				규슈단기대학
140	8월	1일	컵라면 수요가 적은 베트남 시장을 개척하라! 산학 공동으로 해외 인턴십 실시		○		캐리어센터
141	8월	1일	구급·재해 현장에서 '팀 의료' 경쟁 '제1회 기난(紀南) 메디컬 랠리 고시엔 (甲子園)'		○		부속 신구 중고등학교
142	8월	1일	우럭 어군 양성 시험 개시 완전 양식에 의한 자원 보호와 새로운 교잡의 육성을 목표	○	○		수산연구소
143	8월	1일	"'미생물'을 알다 '미생물'과 함께 살아가다" "우주의 눈으로 피부를 진찰하다"				생물이공학부
144	8월	1일	긴키대학 약학부 공동 개발 콜레스테롤 저감란 사용 '긴노케이란(近の鶏卵)'으로 만든 푸딩 출시	○	○		약학부

지知와 땀과 눈물의
긴키대학류 커뮤니케이션 전략

145	8월	2일	긴키대학 영어촌 E³[e-cube] '하기 일반 공개'(입장료 무료) 개최	○	○	○	영어촌 E³[e-cube]
146	8월	2일	쇼치쿠(松竹)예능×긴키대학 '웃음'으로 산학 제휴 긴키대학생 한정 시크릿 코미디 라이브 개최				경영학부
147	8월	2일	이공학부에서 리케죠(이과계여성) 응원 기획 개최 니시니혼 최대 규모 오픈 캠퍼스 개최	○	○		홍보부
148	8월	2일	구마노가와(熊野川) 마을에서 중학생들 벼 베기 체험 지역의 문화와 자연을 배우는 '고향 교육' 실시	○	○	○	부속 신구 중고등학교
149	8월	2일	리우올림픽 출전히는 긴키대학 직원과 졸업생 2명에 대해, 준준결승·준결승·결승(양궁), 결승(수영경기) 진출시 퍼블릭 뷰잉 개최	○	○		스포츠 진흥센터
150	8월	2일	농학부×의학부 부속 나라병원 영양부 '식사 만족도 향상 프로그램' 소아병동 제휴 기획 '여름 축제' 개최		○		농학부 나라병원
151	8월	3일	도쿄 국립과학박물관 개최 '바다의 헌터 전' 수산연구소 가토 케이타로(家戸 敬太郎) 교수 특별 강연	○	○		수산연구소
152	8월	3일	긴키대학 농학부×아와(粟)× 전원사회이니셔티브×닛세이(日世) 야마토(大和) 야채를 이용한 기요즈미(清澄) 진저소프트 출시	○	○		농학부
153	8월	3일	한큐한신(阪急阪神)백화점 우메다(梅田) 본점에서 하기 한정! 긴키대악방고 출시	○	○		부속농상

154	8월	4일	학생 유턴 취업 지원 도쿠시마현(徳島県)×긴키대학 취업 지원 협정 체결	○	○	○	캐리어센터
155	8월	4일	경영학부 학생 '구 가와즈미케(旧 河澄家)' 에서 히가시오사카 문화 발신 가와치(河内) 목면으로 만화경 제작				경영학부
156	8월	4일	체육회 수상경기부 패러스위머 이치노세 메이 (一ノ瀬 メイ) 도요타자동차 'WHAT WOWS YOU.' CM 기용			○	스포츠센터
157	8월	4일	농학부 응용생명화학과 자이마 노부히로 (財満 信宏) 부교수 연구팀 복부 대동맥류 파열 기구 해명	○	○		농학부
158	8월	6일	경제학부 MOS시험 합격자 만 명 돌파 독자적 시스템 개발, IT리터러시 교육 추진				경제학부
159	8월	7일	바이오 코크스 매력·활용 사례 소개 8월 7일(일) '여름방학 나무 사용 축제': 고보(御坊)시립체육관		○		이공학부
160	8월	8일	양식어·오리고기에 이어 새로운 긴키대학산 메뉴 첫! '긴키대학망고' 점포에서 기간 한정 제공		○	○	부속농장
161	8월	8일	제1탄 '긴키대학 허니' 클라우드 펀딩 결과 141명으로부터 165만엔 연구 자금 조달 성공	○	○	○	공학부
162	8월	22일	이과의 매력을 중·고등학생들에게 발신 이과전공여성 포럼 미에(みえ) 2016 개최				공업고등 전문학교
163	8월	22일	'내가 오늘도 헤엄치는 이유 패러스위머 이치노세 메이(一ノ瀬 メイ)' (주)학연플라스에서 아동 서적 출시				스포츠 진흥센터
164	8월	22일	최첨단 연구에 접할 수 있는 기회! 생물이공학부 오픈 캠퍼스 2016		○		생물 이공학부

지知와 땀과 눈물의
긴키대학류 커뮤니케이션 전략

165	8월	22일	'긴키대학 연구 시즈 발표회' 개최 지역 기술 거점 '긴키대학 모노즈쿠리 공방' 소개				학술연구 지원부
166	8월	22일	실전적 기술자를 양성하는 '고센(高專)'을 체험하자 긴키대학 공업고등전문학교 오픈 캠퍼스 개최	○	○		공업고등 전문학교
167	8월	22일	가을의 별자리와 행성을 관찰하자 신구중고등학교 슈퍼사이언스부 천체 관찰회 실시		○	○	부속 신구 중고등학교
168	8월	22일	보고 접하는 긴키대학 후쿠야마 체험 이벤트 만재! 오픈 스쿨 개최				부속 히로시마 후쿠야마 중고등학교
169	8월	23일	콜레스테롤 저감란 사용 '푸딩의 비밀' 개발에 참가한 학생이 시식 판매 실시	○	○	○	약학부
170	8월	23일	원전 사고 피해 마을 부흥의 꽃 후쿠시마현(福島県) 가와마타쵸(川俣町) 산 안수리움 첫 출하	○	○	○	사회제휴 추진센터
171	8월	24일	4년 연속 출하 결정! 첫 시식 판매 실시 긴키대학망고 아이코(愛紅) 센비키야(千疋屋) 에서 판매				부속농장
172	8월	24일	홍콩, 피지, 나미비아에서 강사 초빙 '외국인 법조인과 연구회' 개최				법과대학원
173	8월	25일	알루미늄 화합물에 의한 상온·상압에서의 수소 분자 활성화 반응 발견 싸고 풍부한 원소를 이용한 수소화 반응 촉매아 수소 저장 재료 개빌에 기대		○		이공학부

긴키대학 홍보부

174	8월	25일	간호전문학교 학생 240명 참가 재해 간호를 실전적으로 배우는 '재해 훈련' 실시				간호 전문학교
175	8월	25일	국립 소니(曽爾) 청소년 자연의 집 사업에 협력 '과학의 불가사이 실험실' 개최				공업고등 전문학교
176	8월	26일	긴키대학 경영학부×효고현 가사이시(加西市) 제휴 합숙형 인턴십 실시				경영학부
177	8월	26일	긴키대학 공업고등전문학교 시민 공개 강좌 '반도체 디바이스 입문' '천둥·번개를 피하는 방법'				공업고등 전문학교
178	8월	26일	긴키대학 도쿄센터 '캐리어 어드벤처 프로그램' 도쿄 기업 방문을 대학이 후원				도쿄센터
179	8월	26일	중이온 반응에 의한 핵 분열 핵 데이터 취득 방법 확립 -핵 분열 현상 해명의 길-				이공학부
180	8월	29일	간사이 공립 사립 의과대학·의학부 연합과 WHO 건강개발 종합연구센터와의 보건 의료 정책 공동 연구 워킹 그룹 발족에 관한 공동 기자회견 안내		○		의학부
181	8월	30일	ICT교육 체험! 스마트폰과 태블릿을 가지고 오세요 오사카부(大阪府) 관하 최대급 오픈 스쿨 개최	○	○		부속 중고등학교
182	9월	1일	일본 대학으로서 처음! 합주부가 한국 국제 합주부 콩쿠르에 출연				학생부

지知와 땀과 눈물의
긴키대학류 커뮤니케이션 전략

183	9월	1일	사이토 모리치카(齊藤 守史) 이즈카(飯塚) 시장 예방 농구부 창부 첫 쾌거! '제51회 전국 사립 단기대학 체육대회' 우승	○	○		규슈단기대학
184	9월	1일	긴키대학 영어촌 E^3[e-cube]에서 국내 유학 고 1 대상 'English Summer Camp 2016' 개최		○		부속 신구 중고등학교
185	9월	1일	'태양광 이용 촉진을 위한 에너지 수급 연구 거점 형성' 긴키대학 젊은 층 심포지움 개최				이공학부
186	9월	1일	소설가 하야시 마리코(林 真理子) 씨 초빙, 교육 강연회 실시 9월 7일(수) 문화제 동시 개최		○		부속 와카야마 중고등학교
187	9월	2일	기능성 향기 분자를 배합한 세계 최초 휴대용 스틱형 방향제 '테크노 아로마' 시리즈 출하		○		학술연구 지원부
188	9월	2일	국제학부 1학년 총 500명 해외로 출발 국제 비즈니스계에서 활약할 글로벌 인재 육성		○		국제학부
189	9월	5일	학생 주최 자원봉사 이벤트 실시 구마모토현(熊本県) 내 보육원·초등학교·아동시설 방문			○	학생부
190	9월	5일	긴키대학 교직원과 학생들이 "환대" '교환유학생 welcome party' 실시			○	국제교류실
191	9월	5일	리우패럴림픽 출전 긴키대학 수상경기부 이치노세 메이(一ノ瀬 メイ) 결승 출전시 퍼블릭 뷰잉 개최	○	○	○	스포츠 진흥센터
192	9월	6일	HART프로젝트 문예학부 예술학과×의학부 부속병원 연극 전공생들 의학부 부속병원에서 공연				의학부 문예학부

193	9월	6일	첫 개최! 긴키대학 합주부×류코쿠대학 (龍谷大学) 합주부 합동 연주회 2016	○	○	○	학생부
194	9월	6일	학생의 관점에서 상점가의 매력을 발견·발신 이시키리산도(石切参道) 상점가의 매력을 발견하고 지도 제작에도 협력			○	경제학부
195	9월	6일	향후 수산학을 짊어질 학생인 고등학생도 참가 2016년도 일본 수산학회 추계대회 개최			○	농학부
196	9월	6일	원예 요법사를 목표로 하는 학생이 지역에 공헌 복지시설에서 자원봉사 활동 실시				농학부
197	9월	6일	긴키대학 이공학부·바이오 코크스 연구소 공개 강좌 2016 '인류의 삶을 지키는 긴다이이공(近大理工)'		○		이공학부
198	9월	7일	긴다이신구(近大新宮)축제·문화축제 개최 학생들이 양식한 참돔과 붕장어를 판매합니다!		○	○	부속 신구 중고등학교
199	9월	7일	공개 강좌 "수정란 관찰로 불임 판정" "무한한 가능성!? 인간에게 도움이 되는 미생물"				생물 이공학부
200	9월	8일	긴키대학×NTT니시니혼그룹 텔웰니시니혼 경로의 날 전보로 '감사하는 마음'을 전한다				홍보부
201	9월	8일	졸업식을 위한 패션 쇼 '하카마 & 기모노 컬렉션' 개최		○	○	총무부
202	9월	8일	동시통역의 대가·마츠모토 미치히로 (松本 道弘) 씨 특별수업 영어 달인이 고등학생들에게 동시통역의 기술을 피로				부속 중고등학교

지知와 땀과 눈물의
긴키대학류 커뮤니케이션 전략

203	9월	9일	니시니혼 최대 규모 오픈 캠퍼스 개최 'Home coming day' 동시 개최 긴키대학 OB·나달 소속 코로치키 등장	○	○	○	홍보부
204	9월	13일	미야자키대학(宮崎大学) 산학 지역 제휴 센터와 긴키대학 리에종 센터가 제휴 협정 체결		○	○	학술연구 지원부
205	9월	13일	LEGO로봇 조작과 천체 투영 등 8종류의 '두근두근 체험 교실' 개최				부속 히로시마 중고등학교 히가시 히로시마교
206	9월	13일	후쿠야마(福山) 지역 최대급 문화제 2016년도 긴후쿠사이(近福祭)				부속 히로시마 중고등학교 후쿠야마교
207	9월	14일	긴키대학 스즈키 타카히로(鈴木 高広) 교수 '이모하츠덴(芋発電) 에너지 교실' 수업		○	○	생물 이공학부
208	9월	14일	'KINDAI Students Summit' 개최 마이나비·리쿠르트 캐리어 전문가와 '학력 필터'에 대해 철저한 토론			○	총무부
209	9월	15일	학부모에게 학생의 생활과 대학의 현황에 대한 이해를 위해 학부모 간담회 '긴키대학 페어' 개최				교학본부
210	9월	15일	긴키대학 공학부 긴키대학 허니×(주)오기로팡 '긴키대학 허니'를 사용한 협업 제품 빵 한정 판매	○	○		공학부
211	9월	15일	국세협력사업 연수 종료 말레이시아·사바대학 연구생들 캠퍼스 견학				수산연구소

212	9월	15일	"크론 마우스 복제" 국내 최연소 기록은 여기서 시작되었다 긴키대학 최첨단기술 종합연구소 공개 심포지움				생물 이공학부
213	9월	15일	현 관하 최초! 고교입시에서 외부시험 간주 득점 제도 도입 학교 견학회·입시설명회 개최		○		부속 와카야마 중고등학교
214	9월	16일	나라현(奈良県)×긴키대학 포괄적 제휴 협정 체결 의료에서 예술까지 "All Kindai"에서 나라(奈良)의 장점을 미래 형성에 공헌	○	○		총무부 농학부
215	9월	16일	지볼트 몰락 150년 기념 '1일 한정 미니 귀중도서전' 개최		○	○	중앙도서관
216	9월	20일	"맛있는 지방 창생" 와카야마현(和歌山県) 기노가와시산 (紀の川市産) 후루츠로 연결한다	○	○		수산연구소
217	9월	21일	히가시히로시마시(東広島市) 두근두근· 워크·체험 위크 현지 중학생 대학 도서관 업무 체험				공학부
218	9월	21일	추계 오픈 스쿨 개최 재미있는 요리 실험과 체험 수업·동아리 활동 체험 등 기획 만재				부속 신구 중고등학교
219	9월	21일	근육 클램프를 예방하는 스포츠웨어 세계 최초로 개발 달리는 선수를 위한 'MAGURO GEAR' 출시				생물이공학부
220	9월	26일	일본 대학에서 최초로 법인 업무 시스템 인공지능형 인공지능(AI)을 활용한 대학·업무 개혁		○		종합정보 시스템부

지知와 땀과 눈물의
긴키대학류 커뮤니케이션 전략

221	9월	26일	식물이 병원균 감염을 감지하고, 방어 유전자군을 활성화하는 구조를 세계 최초로 해명	○	○		농학부
222	9월	26일	'ECO패밀리 페스타 2016'에 출전 추억이 담긴 옷을 바이오 코크스로 만들어 보존하자!	○	○	○	이공학부
223	9월	27일	긴키대학 공학부 연구 공개 포럼 2016 개최 공학부 연구자 연구 시즈 대공개				공학부
224	9월	27일	전교생이 소지한 iPad를 활용한 체육 축제 개최 릴레이에서는 iPad 동영상 촬영으로 손에 땀을 쥐게 하는 골 판정				부속 중고등학교
225	9월	27일	'태아성 미나마타병' 발병의 수수께끼 해명 메틸 수은 뇌 골수액 순환 억제를 통한 신경 독성이 원인	○	○		이공학부
226	9월	28일	LIXIL그룹 전 사장 후지모리 요시아키 (藤森 義明) 씨 강연회 글로벌 기업을 이끄는 프로 경영자에게 경영의 진수를 듣다		○		경영학부
227	9월	28일	긴키대학 체육회 가라테도(空手道)부 멕시코 국가 대표팀과 합동 연습				스포츠 진흥센터
228	9월	28일	긴키대학 농학부 공개 강좌 '참치를 둘러싼 세계 정세와 완전 양식 기술 개발' '미래 농업의 바람직한 모습'				농학부
229	9월	29일	긴키대학 공업고등전문학교 시민 공개 강좌 '멀리뛰기를 통해 배운 바람직한 커뮤니케이션'				공업고등 전문학교

부록
긴키대학 홍보부

번호	월	일	내용				부서
230	9월	30일	식량과 농업에서 가치관의 전환을! SEED FREEDOM 미래로 잇는 씨·흙·음식 2016				농학부
231	9월	30일	긴키대학×니세코 농장×긴테츠백화점 '긴키대학이 개발한 Dr토마토'를 사용한 메뉴 한정 판매				농학부
232	10월	3일	야마구치현(山口県)×긴키대학 취업 지원 협정 체결 관학 제휴로 지역 경제 활성화 추진		○		캐리어센터
233	10월	3일	푸쵸University 산학 제휴 상품 개발 프로젝트 시동 제1탄 상품 긴키대학산 '긴키대학 망고'와 협업	○	○	○	부속농장
234	10월	5일	'긴키대학에서 태어난 참치' 학생들에게 제공 판매액 일부 구마모토(熊本) 재해지에 기부			○	학생부
235	10월	5일	주식회사 평가 투자 정보센터(R&I)의 평가에 대해				총무부
236	10월	6일	심리임상·교육상담센터 교직원을 위한 공개 세미나 '학교 현장에서 도움이 되는 카운셀링'				종합사회학부
237	10월	6일	법학부 교수 '세금 노래' 제3탄 CD 릴리스 제작·가창으로 세금에 관한 지식 보급·계발 활동 추진				법학부
238	10월	7일	'고등전문학교 나바리(名張) 2016' 개최 10월 21일(금)~23일(일)	○	○		공업고등 전문학교
239	10월	7일	긴키대학 수산연구소×이세탄(伊勢丹) 일본 '바다의 선물' 특별 이벤트 개최			○	수산연구소

지知와 땀과 눈물의
긴키대학류 커뮤니케이션 전략

번호	월	일	내용				소속
240	10월	7일	연극 전공생 졸업 공연 개최 선거를 주제로 한 긴키대학 문예학부 학생 제작				문예학부 부속 신구 중고등학교
241	10월	7일	루모이시(留萌市)×긴키대학 포괄 제휴 협정 체결 적설 한랭 지역의 고 부가가치 작물 재배로 지방창생에 공헌	○	○	○	이공학부
242	10월	11일	세밑 선물로는 처음! 긴테츠(近鉄)백화점에서 '긴키대학산 메기 양념구이' 판매합니다	○	○		세계경제 연구소
243	10월	11일	'혁신 암 게놈 국제 심포지움' 개최 10월 27일(목)~30일(일) 히가시오사카캠퍼스 일반인 참가 가능		○		약학부
244	10월	13일	경제학부 정기 강연회 성장 기업의 창업자에게 배우는 채용되는 학생	○	○		경제학부
245	10월	13일	도요오카(豊岡) 시장 특별 수업 개강 도요오카의 도전 ~동네를 아는 일에서 자부심을				부속 도요오카 중고등학교
246	10월	13일	긴키대학 의학부 나라(奈良)병원 제5회 공개 강좌 '당신에게 일상적인 최첨단 의료'		○		나라병원
247	10월	13일	먹거리 교육의 집대성! kids cooking 긴키대학 농학부 식품영양학과와 제휴로 아동들의 흥미와 관심을 고조	○	○		농학부 부속유치원
248	10월	13일	농학부가 재배한 Dr토마토로 만든 셔벗 시식회 실시 긴키대학 부속 유치원생 고구마 수확하는 소풍날	○	○		농학부 부속유치원

부록

긴키대학 홍보부

249	10월	13일	25기생 졸업 무용 공연 '알려지지 않은 날' 무대예술전공생 4년간의 성과를 발표				문예학부
250	10월	13일	공개 강좌 화제의 '긴키대학산 메기' '냄새 없는 방어' 시식회 동시 실시		○		산업이공학부
251	10월	14일	'제2회 미나미오사카(南大阪) 메디컬 랠리 선수권' 개최 11월 5일(토) 긴키대학 부속병원	○	○		의학부
252	10월	14일	긴키대학 수산연구소 공개 강좌 '물고기의 불가사의를 배우자'				수산연구소
253	10월	14일	법과대학원 강연회 '사업 경영에 필요한 컴프라이언스의 "지혜"'				법과대학원
254	10월	14일	이공학부 이학과 수학 코스 '제19회 수학 콘테스트' 실시				이공학부
255	10월	17일	고바야시(小林)제약과 긴키대학이 공동 개발한 당을 천천히 흡수시키는 특정 보건용 식품 '사라시아100'		○		약학부
256	10월	17일	고체 상태에서 편원광을 방출하는 CPL발광체 발견		○		이공학부
257	10월	18일	월경전 증후군과 피로 골절의 관계성을 해명	○	○		의학부
258	10월	18일	'세계 당뇨병의 날' 계몽 이벤트 개최 체험형 기획으로 당뇨병 조기 발견과 예방				의학부
259	10월	18일	기노카와시(紀の川市) 스마트 농장 교류 사업 밭에서 재배하는 고구마 수경 재배 실용화에 도전		○		생물 이공학부
260	10월	18일	엔터테인먼트업계를 짊어질 인재 육성을 위해 문화디자인학과 프로듀스 육성 교육 개시		○		문예학부

지知와 땀과 눈물의
긴키대학류 커뮤니케이션 전략

261	10월	19일	인기 기업의 벽을 넘다! 금융 가이던스 개최 지원율 높은 금융업계 특화 취업 지원 프로젝트 시동			○	캐리어센터
262	10월	20일	체육회 연식 야구부 하타케 세이슈(畠 世周) 선수 요미우리(読売) 자이언트에서 드래프트 2위 지명	○	○		스포츠 진흥센터
263	10월	20일	생물이공학부 축제 '제24회 기노쿠니사이(紀の国祭)' 개최 BOST home coming day 2016 동시 실시		○	○	생물 이공학부
264	10월	20일	공개 강좌 '참된 건강 사회를 위하여' '일본괴 세계와 세계의 생명에 대해'	○	○		총무부
265	10월	21일	요미우리(読売) 자이언트가 선수 지명 인사를 위해 대학 방문	○	○	○	스포츠 진흥센터
266	10월	21일	소아병동에서 '할로윈 이벤트' 개최				부속 나라병원
267	10월	24일	터키 공화국 메흐메트 칠크 씨 명예박사(상학) 학위기 증정				학무부 교학본부
268	10월	24일	'긴키대학 고등전문학교 오픈 캠퍼스' 개최 모의수업에서 고등전문학교를 체험하자!				공업고등 전문학교
269	10월	25일	인형들의 마술과 합창이 소아 환자들에게 웃음을 선사 '극단 갓파극장'이 병원 내에서 퍼포먼스 실시	○	○		의학부
270	10월	25일	히로시마캠퍼스 체육관 신설 2000명 수용 가능한 스포츠·문화 시설로 교육 내용 충실			○	공학부
271	10월	25일	초등생 대상 직업 체험 in 긴키대학 사카이(堺) 병원 와서, 보고, 해보자! 병원 일 체험				부속 사카이병원

부록
긴키대학 홍보부

272	10월	25일	'All Kindai' 가와마타쵸(川俣町) 복구 지원 프로젝트 고구마 공중 재배 수확 실습과 실험 수업				생물 이공학부
273	10월	25일	사이버 방범 자원봉사자 위촉장	○	○	○	생물 이공학부
274	10월	25일	예술 감상회 '연극 "베니스의 상인"' 개최 몰락 400년 세익스피어 명작 감상				부속 히로시마 중고등학교 히가시 히로시마교
275	10월	26일	영어촌 E^3[e-cube] 10주년 기념 파티				영어촌 E^3[e-cube]
276	10월	26일	참가자 약 7만 명! 포장마차 약 250 출점! 니시니혼 최대급 '제68회 이코마(生駒) 축제' 개시			○	학생부
277	10월	26일	멸종 위기종 채리새먼에서 채란 실시	○	○	○	수산연구소
278	10월	26일	농학부 축제 '제28회 아스카사이(飛鳥祭)' 개최 농학부 적십자 봉사단의 헌혈 이벤트 개최	○	○		농학부
279	10월	26일	'All Kindai' 가와마타쵸(川俣町) 복구 지원 프로젝트 고구마 공중 재배 수확 실습과 실험 수업			○	사회제휴 추진센터
280	10월	27일	'TSUNAGU(잇다) 프로젝트 ~포기하지 않는다·단념시키지 않는다' 진로 미정 4학년 취업 활동을 성심껏 지원한다				캐리어센터
281	10월	27일	'추계 오픈 스쿨' 개최! 수험시즌 직전 입시대책중심 수업 실시				부속 도요오카 중고등학교

지知와 땀과 눈물의
긴키대학류 커뮤니케이션 전략

282	10월	27일	본교 출신 공무원과 교류회, 야오(八尾)시청 시찰 연수회 개최 사회에 공헌하는 공무원을 배출하기 위해				법학부
283	10월	27일	현역 경찰관에 의한 '"경찰업무" 설명회' 개최 캐리어 지원 일원, 오사카부경(大阪府警) 협력				법학부
284	10월	28일	'매스컴업계 페어'를 도쿄센터에서 개최 매스컴업계 취업을 희망하는 본교 학생들 지원				캐리어센터 도쿄센터
285	10월	28일	히가시오사카시 2016년 문화·스포츠 표창 수상 리우패럴림픽 수영경기 일본대표 수영경기부 이치노세 메이(一ノ瀬 メイ) 선수				스포츠 진흥센터
286	10월	28일	'되살아나다! 구로가와(黒川) 역사 사진 & 현재' 동시 개최한 '잠깐의 휴식 동산 카페'에서 학생들이 숯불 로스팅 커피 제공		○		사회종합학부
287	10월	28일	부속 후쿠오카고등학교 제4회 종합 오픈 캠퍼스 간호과 '대모식' 일반 공개	○	○		부속 후쿠오카 고등학교
288	10월	28일	긴키대학 법학부 추계 강연회 '치매 고령화 사회를 생각하다'				법학부
289	10월	28일	바이오 코크스 용해 능력 실증 시설 본격 가동 개시	○	○		이공학부
290	10월	31일	규슈(九州) 단기대학 축제 '제50회 바이카사이(梅華祭)' 개최 '제38회 축제 고모타(菰田)'와 동시 개최로 지역 활성화에 공헌				규슈 단기대학

번호	월	일	내용				담당
291	10월	31일	일본 최초! 신용카드로 입학금·수업료 결제 가능 대입·입학수속 진화! 인터넷으로 일괄 수속 관리		○		입학센터
292	10월	31일	"마크로스" 시리즈를 다루는 가와모리 쇼지 (河森 正治) 씨 강연 최전선 크리에이터의 발상법을 배우다	○	○		문예학부
293	11월	1일	근 디스토로피 등 지정 난병환자 '의료용 HAL'을 사용한 보험 적용 치료 개시				부속 사카이병원
294	11월	1일	긴키대학 수산연구소×츠루통탄×슈퍼컵 꿈 같은 협력 팀 긴키대학 참치 제휴 광고 시리즈 제3탄 '긴키대학 수산연구소×츠루통탄 감수 슈퍼컵 1.5배 긴키대학 참치 사용 카레 우동' 11월 7일(일) 출시 결정	○	○	○	수산연구소
295	11월	1일	긴키대학 소장 귀중자료 기간 한정 공개 제23회 긴키대학 중앙도서관 귀중서적전 개최	○	○		중앙도서관
296	11월	1일	애그리 비즈니스 실습 농산물 한정 판매 11월 5일(토) 다이마루(大丸) 교토점 판매 실시				농학부
297	11월	1일	긴키대학 캐치프레이즈를 되살리다! 일본어학자 예능인 상큐 타츠오 씨 강연회 개최				문예학부
298	11월	2일	긴키대학 부속병원 시민 공개 강좌 정형외과 주최 지역교류 세미나 '무릎과 고관절 통증' 강연 & 무료 개별 상담회				의학부
299	11월	2일	'후쿠시마 서드 플레이스' 개소식 실시 학생이 만든 새로운 지역 교류 거점				건축학부

지知와 땀과 눈물의
긴키대학류 커뮤니케이션 전략

300	11월	4일	긴다이 코센(近大高專) 제6회 시민 공개 강좌 '레이저 디스크의 구조' '유기 반도체' 최첨단 연구를 배운다	○		공업고등 전문학교
301	11월	4일	학부모 대상 강연회 인터넷·SNS에 숨어 있는 위험성 '인터넷을 보다 안전하게 활용하기 위한 부모와 자녀가 알아야 할 지식'			부속 중고등학교
302	11월	4일	무대예술전공 제25기생 졸업 공연 '코뿔소' 학생들만의 힘으로 출연·연출·조명·음악 담당			문예학부
303	11월	7일	나라현(奈良県) 식재로 만든 학생 고안 요리 한정 판매 11월 20일(일) 나라현 중앙도매시장 '겨울시장축제'에서			농학부
304	11월	8일	독감 바이러스를 예방하는 세포 축적 장소 지정 모든 독감 바이러스에 효과 있는 백신 개발의 첫걸음	○		의학부
305	11월	8일	고치현(高知県)×긴키대학 취업 지원 협정 체결 학생 유턴 취업을 지원하고, 지역 경제 활성화에 공헌	○	○	캐리어센터
306	11월	8일	'순쌀술 헤구리(平群)' 한정 상표딱지 판매 나라현(奈良県) 헤구리쵸(平群町)× 야오(八尾)주조(주)×긴키대학 농학부			농학부
307	11월	9일	강연회 '후지모리 테루노부(藤森 照信) 건축의 새로운 경지' 개최 독창적 작품의 설계 사상과 건축 철학을 배우는 기회로…			건축학부

308	11월	9일	긴키대학 부속초등학교×밤비샤스 나라(奈良) 프로 농구 선수와 1일 체험 교실				부속 초등학교
309	11월	9일	구마모토산(熊本産) 쌀 사용 '긴키대학 참치 덮밥' 으로 복구 지원 '구마몽' 긴키대학 방문: 복구 지원에 대한 답례	○	○	○	농학부
310	11월	10일	오츠카제약×긴키대학 대두 이소후라본 활성대사물 에쿠오르 생산 능력과 PMS/PMDD의 관계에 대한 일본 여성의학학회 학술집회에서 발표		○		의학부
311	11월	11일	패럴림픽 일본 대표 우에야마 토모히로 (上山 友裕) 선수 강연회 졸업생이 '꿈'에 대한 이야기와 양궁 실전 피로			○	부속 초등학교
312	11월	11일	리우패럴림픽 수영경기 대표 이치노세 메이 (一ノ瀬 メイ) 선수 교토시(京都市) 스포츠 영예상 수상에 대해		○	○	스포츠 진흥센터
313	11월	11일	학생을 위한 '기업 기술 발표회' 개최 기업의 독자 기술을 학생들에게 어필하여 학생들의 진로 결정을 지원				이공학부 캐리어센터
314	11월	14일	경제학부 학생이 고등학생의 주권자 교육에 공헌 '육아 관점에서 생각하는 선거'를 주제로 출장 강의 실시				경제학부
315	11월	15일	모든 여성이 손톱을 장식하는 '플라티나 세대'를 위한 네일 이벤트 "일본 최고(最古) 전통 그림물감점"과 "노포 동네의사"를 연결한 새로운 시장 창출				경영학부

지知와 땀과 눈물의
긴키대학류 커뮤니케이션 전략

번호	월	일	내용				담당
316	11월	15일	'일본 스포츠 매니지먼트 학회 제9회 대회' 개최 니치하무 전 구단 사장·후지이 준이치 (藤井 純一) 씨, 아시아 럭비 회장·도쿠마스 코지(德増 浩司) 씨 참가			○	경영학부
317	11월	16일	병원식에서 긴키대학산 제철 브로콜리 제공 의학부 나라병원 영양부×농학부 식품영양학과 '식사 만족도 향상 프로그램'				농학부 나라병원
318	11월	17일	이코마시장(生駒市長) 특별 강연회 개최 공무원 지망생에게 '지방창생 시대가 요구하는 공무원 상'을 전한다		○		캐리어센터
319	11월	18일	합주부 '제56회 정기 연주회' 개최 특별 게스트 3명을 초대한 호화로운 연주회				학생부
320	11월	21일	세라쵸(世羅町)에서 고토렛도(五島列島) 까지 600km 이상 대이동 학생들에 의한 띠지붕 고민가 이축 프로젝트 본격 시동	○	○		공학부
321	11월	21일	2016년도 마지막 오픈 캠퍼스 개최 수험 직전으로 입시대책 모의수업 실시	○	○		공업고등 전문학교
322	11월	21일	긴키대학 수산연구소 도야마(富山) 실험장 송어초밥 다카다야(高田屋) 긴키대학 채리새먼초밥 한큐백화점에서 판매	○	○	○	수산연구소
323	11월	21일	대학의 지(知)와 기술을 살린 지역 제휴 프로젝트 실시에 대하여 루모이시(留萌市) ×삿포로시(札幌市) × 긴키대학 지역 제휴 사업	○	○		이공학부
324	11월	24일	'일류미네이션 점등식' 개최 겨울의 풍물시 일류미네이션으로 캠퍼스가 크리스마스 무드로 변화…			○	학생부

부록

긴키대학 홍보부

325	11월	24일	아야메연못 겨울 일류미네이션 2016 점등식 아야메연못유원지 시절부터 내려온 전통적인 크리스마스 트리				부속 초등학교
326	11월	25일	'HART축제★크리스마스 모임' 개최 문예학부 의학부 부속병원 'HART 프로젝트' 일환				의학부
327	11월	25일	시민 공개 강좌 '재해사로 배우는 미래의 방재' 방재·감재(減災)로 안전·안심 마을 만들기				공업고등 전문학교
328	11월	25일	영어촌 E³[e-cube] Christmas 자선 디너 서양의 전통적 크리스마스를 체험하고 모금액 전액은 유니세프에 기부				국제교류실
329	11월	25일	긴키대학 수산연구소×뉴젠마치(入善町)× 뉴젠어협 공동 프로젝트 도야마만(富山湾) 심층수에서 채리새먼 상용 양식 시험을 개시	○	○	○	수산연구소
330	11월	25일	문부과학성 '2016년도 사립대학 연구 브랜딩 사업'에 '바이오 코크스' 브랜딩 사업이 선정				이공학부
331	11월	28일	오사카노동국장에 의한 '고용 개혁' 강연회 개최 현재의 고용 문제와 오사카의 미래				캐리어센터
332	11월	28일	말레이시아 사바대학이 긴키대학 총장에게 명예박사 (수산학) 학위기 수여		○		수산연구소
333	11월	28일	긴키대학 씨름부 학생과 '떡 메치기 축제' 개최 일본의 전통을 체험하고 떡메치기의 유래와 설날에 대한 이해를 높인다	○	○	○	부속유치원
334	11월	29일	미에현(三重県) 지사 스즈키 에이케이 (鈴木 英敬) 씨 강연회 개최 '지역창생 시대에 선택되는 미에(三重)'를 주제로 미에현에서 일하는 매력을 소개	○	○		캐리어센터

지知와 땀과 눈물의
긴키대학류 커뮤니케이션 전략

335	11월	29일	엔터테인먼트업계를 짊어질 인재 육성을 목표로 요시모토크리에이티브에이전시 전무이사 오쿠타니 타츠오(奥谷 達夫) 씨 강연				문예학부
336	11월	30일	'제9회 스피치 대회' 개최 일본인 학생과 유학생이 서로 가르쳐 주고 배우는 스피치 대회				학무부
337	11월	30일	학생 헌혈 & 복구 지원 모금 실시 구마모토(熊本) 지진 복구 지원에 대학축제 판매액 일부 기부				산업 이공학부
338	11월	30일	이코마시장(生駒市長)이 긴키대학 양궁장 시찰 양궁부 감독·올림픽 은메달리스트와 스포츠 진흥에 대한 의견 교환				스포츠 진흥센터
339	11월	30일	긴키대학 스즈키 타카히로(鈴木 高広) 교수 강연회 '이모발전(芋発電) 강연회 ~고구마가 일본을 구한다!~' 개최합니다				생물 이공학부
340	11월	30일	"인간 생식 세포 연구와 게놈 편집 연구의 최전선" 긴키대학 대학원 생물이공학연구과 대학원교육 개혁 세미나 개최				생물 이공학부
341	12월	1일	여성 한정 취업 활동 이벤트 'TRAVAIL 여성회' 개최 말투와 취업 활동 화장법을 프로가 전수합니다!				캐리어센터
342	12월	1일	'MADE IN OSAKA CM AWARDS 학생 부문' 한 세미나에서 TV 부문·라디오 부문 우수상 더블 수상			○	종합 사회학부

343	12월	2일	영어촌 E³[e-cube] 자선 축제 문예학부 예술학과 학생이 제작한 아트 작품 영어로 판매				국제교류실
344	12월	2일	모스크바대학과 학생 교류 협정 체결 유학 기회 제공과 일본과 러시아의 친선을 도모				국제교류실 교학본부
345	12월	2일	고베시×스타벅스×긴키대학 산관학 제휴로 실증 실험 개시 커피 찌꺼기·곁가지 자원을 차세대형 재생가능 에너지로 순환 이용	○	○	○	이공학부
346	12월	5일	'제6회 대학원생 정상회담' 개최 긴키대학 6연구과와 1학부가 모여 연구 성과를 발표				학무부
347	12월	5일	이듬해 봄 교단에 서는 학생에게, 선배 교원이 성원을 보낸다 교육 현장의 "지금"을 공유하는 '동창 교원 친목회' 개최				학무부
348	12월	5일	긴키대학 스포츠 페스티벌 개최 스포츠로 지역 커뮤니티를 강화하고 재해에 강한 도시 건설을 목표			○	생물 이공학부
349	12월	6일	'간암 박멸 운동' 공개 강좌 개최 긴키대학 의학부 내과학 교실 (소화기내과)·일본 간학회 주최		○		의학부
350	12월	6일	산관학 제휴 센난(泉南) 붕장어 양식 프로젝트 오카다우라(岡田浦) 어업협동조합×긴키대학 수산연구소×센난시(泉南市)	○	○		수산연구소
351	12월	7일	교향악단 '제52회 정기 연주회' 개최 1965년부터 50년 이상 이어지는 전통 있는 연주회				학생부

지知와 땀과 눈물의
긴키대학류 커뮤니케이션 전략

352	12월	7일	지역 금융 기관의 역할을 배운다 긴키대학생이 아마가사키(尼崎)신용금고 신입사원과 교류				경영학부
353	12월	7일	자이언트 드래프트 2위 하타케 세이슈 (畠 世周) 선수×미스터 롯데 아리토 미치요 (有藤 道世) 씨 연식 야구부 송별회에서 격려 인사		○		스포츠 진흥센터
354	12월	7일	엔터테인먼트업계를 짊어질 인재 육성을 목표로 FM802 COCOLO 편성부장 겸 편성추진부장 이와오 토모아키(岩尾 知明) 씨 강연				문예학부
355	12월	8일	금융 세미나 'Fin Tech가 초래하는 은행 변혁' 일본 최초 인터넷 은행 '저펜넷 은행' 집행 이사·데구치 타케야(出口 剛也) 씨가 강연				경영학부
356	12월	8일	캠퍼스 내에 부재자 투표소 설치 히가시히로시마시(東広島市)에서 협정 체결식 개최		○		공학부
357	12월	8일	긴키대학 문예학부 '문예 축제' 영화 '아름다운 사람' 상영회 & 유키사다 이사오(行定 勳) 감독 토크	○	○		문예학부
358	12월	9일	시마네현(島根県)×긴키대학 취업 지원 협정 체결 학생 유턴 취업 지원을 통한 지역경제 활성화 추진	○	○		캐리어센터
359	12월	9일	긴키대학 부속 초등학교에서 나라(奈良) 클럽 선수와 체험 수업 프로 축구 선수가 초등학생에게 직접 지도				부속 초등학교
360	12월	9일	'감동 오사카상' '오사카 스포츠상' 수상 리우패럴림픽 수영경기 일본 대표 이치노세 메이(一ノ瀬 メイ) 선수	○	○	○	스포츠 진흥센터

부록
긴키대학 홍보부

361	12월	12일	'프레스코화' 기법을 아동들이 체험 폼페이 벽화 화법을 문예학부 교수가 강의				문예학부
362	12월	13일	입학 수속 완전 전산화 고교입시를 인터넷으로 편리하게 간사이 지역 사립 중·고등학교에서 급속히 확산하는 인터넷 출원				부속 중고등학교
363	12월	13일	긴키대학 이공학부 최첨단 연구 집결 '제8회 이공학부 연구 발표 교류회' 개최				이공학부
364	12월	15일	미나미카와치(南河内) 암의료 네트워크 협의회 주최 첫 이벤트 '대장암 검진 보급 계몽 캠페인' 실시				의학부
365	12월	15일	소아 병동에서 메리 크리스마스! 농학부·의학부 나라병원 '대장암 검진 보급 계몽 캠페인' 일환	○	○	○	의학부 농학부
366	12월	15일	긴키대학×요시모토쿄고 포괄 제휴 협정 체결 연구 정보 발신, '웃음'의 스트레스 마네지먼트 개발, 인재 육성과 다각적인 공동 사업 전개	○	○	○	홍보부
367	12월	16일	체육회 남학생 한정! 만담 '취업 활동 차림새 세미나' 개최 취업 활동을 앞둔 체육회 남학생에게 인상을 좋게 하는 비결을 전수	○	○		캐리어센터
368	12월	16일	고급 생선 '쿠에'와 '다마카이'의 장점을 가진 잡종 '쿠에타마'를 직영점에서 수량 한정 판매로 제공		○		수산연구소
369	12월	16일	방카라 학생들의 어머니 긴키대학 이발소 64년의 역사에 막을 내리다 12월 22일(목) 감사장 증정식 개최	○	○	○	총무부

지知와 땀과 눈물의
긴키대학류 커뮤니케이션 전략

번호	월	일	내용				담당
370	12월	16일	농학부 '야마토 동산 생물 전' 개최 12월 21일, 22일 레스토랑 'coto coto'에서	○	○		농학부
371	12월	19일	츠키테이 호세이(月亭 方正) 씨 '먹히는 이야기' 창작 교실 개최 요시모토쿄교×긴키대학 표괄 제휴 협정에 따른 취업 활동 지원 이벤트 제1탄		○	○	캐리어센터
372	12월	19일	긴키대학×상공회의소 제휴 공개 강좌 개최 '미래의 통상 정책 – 신 수출 대국 컨소시엄의 현황과 미래'				경영학부
373	12월	19일	차세대 반도체 'SiC' 고효율 정밀 연마법 개발 최첨단 전기절약 소형 전력제어기기 제조원가 절감에 기대		○		이공학부
374	12월	20일	긴키대학생이 중소기업 프로모션 동영상 제작 경영학부 학생이 산학 제휴 프로젝트에서 기업의 매력을 기획				경영학부
375	12월	20일	선배가 후배에게 취업 활동 필승법을 전수 취업 활동에서 승리하자! -선배의 열렬한 응원 메시지- 개최				이공학부
376	12월	21일	공인 단체 1년 간의 활동 성과 보고회 이치노세 메이(수영경기), 하타케 세이슈 (야구), 니시무라 켄(가라테도)에게 꽃다발 증정				스포츠 진흥센터
377	12월	22일	오리지널 만화로 B to B 기업 채용 촉진 경영학부 학생 기획 만화를 이용한 기업 소개 LINE으로 확산				경영학부
378	12월	22일	메이지 시대부터 전해오는 전통 큰 솥에서 나나구사(七草)죽을 수어 새해를 맞이하는 이벤트로 히가시오사카 지정문화재 구 가와즈미케(旧 河澄家)를 PR	○	○	○	경영학부

379	12월	22일	'광·레이저의 안전·안심 심포지움' 개최 1월 9일(월) 도쿠시마대학(德島大学) 조산지마(常三島) 캠퍼스에서				이공학부
380	12월	22일	저온 환경에서 원편광을 발사하는 CPL 발광체를 개발 차세대 안전 도료에 응용 가능한 신소재				이공학부
381	1월	10일	취업 내정자가 후배들에게 취업 활동 어드바이스 취업 활동에서 승리하자! -선배의 열렬한 응원 메시지- 개최				이공학부
382	1월	12일	미래를 바꾸는 비행자동차와 로봇어드바이저란 무엇인가? 경영이노베이션연구소 '제15회 연구 보고회' 개최				경영학부
383	1월	12일	2016년도 졸업증서 수여식 거행 1월 18일(수) 와카야마 고등학교에서 가장 빠른 졸업식	○	○	○	부속 와카야마 중고등학교
384	1월	13일	문과계 학생이 IT분야에서 활약하기 위한 산학 제휴 강의 실습 중심 수업으로 최첨단 인터넷 기술을 학습				경영학부
385	1월	13일	남성 불임증(무정자증) 원인의 일단을 해명 생물계에 널리 퍼져 있는 히스톤의 변이종이 정자 줄기 세포 기능에 필수였다	○	○	○	생물 이공학부
386	1월	13일	학생이 고안! 긴키대학 귤 디저트를 아동들에게 제공 농학부×의학부 나라병원 '식사 만족도 향상 프로그램'의 일환	○	○		농학부 부속 나라병원

지知와 땀과 눈물의
긴키대학류 커뮤니케이션 전략

387	1월	16일	이사장과 총장이 필두로 All Kindai에서 취업 활동 성공을 기원 '취업활동 궐기대회' 개최		○	○	캐리어센터
388	1월	16일	센리(千里) 뉴 타운 통행금지의 비밀을 공개 신센리키타쵸(新千里北町)의 "지역의 보물"을 지역 주민에게 소개	○	○	○	건축학부
389	1월	16일	긴키대학 의학부 사카이(堺)병원 시민 공개 강좌 '걸리지 않는다·악화시키지 않는다' '비만·메타볼릭 신드롬·당뇨병'	○	○		부속 사카이병원
390	1월	16일	농학부 학생이 키운 자초이를 사용한 메뉴 제공 1월 21일(토) ~ 중국 요리 레스토랑 토코쿠로 (桃谷樓) 각 지점에서				농학부
391	1월	17일	영어 프레젠테이션 경연 대회 개최 예선에서 선발된 8명이 발표				종합 사회학부
392	1월	17일	헤구리쵸(平群町)×긴키대학 포괄 제휴 협정 체결 긴키대학 농학을 축으로 한 종합력으로 헤구리 마을을 활성화	○	○		농학부
393	1월	17일	'Kinect'를 사용한 드럼 연습 지원시스템 개발 연주 시 숙련자와 연습자의 동작을 비교해 바른 동작을 강의		○		이공학부
394	1월	18일	긴키경제산업국과 제휴해 재생 의료 관련 시설 시찰 세미나 개최 재생 의료 분야 기업에 재생 의료 현장을 체험하는 기회를 제공				의학부

395	1월	18일	이가시(伊賀市)×긴키대학 포괄 제휴 협정 체결 의료에서 예술까지 'All Kindai'로 이가시 지방창생에 공헌	○	○	○	사회제휴 추진센터
396	1월	20일	영어촌 E^3[e-cube] '춘계 일반 공개' 개최 화제의 영어촌에서 즐거운 마음으로 영어 회화에 도전				국제교류실
397	1월	20일	독일에서 로버트 그롯세 교수 등, 액틴 연구자 초빙 HFSP 킥 오프 심포지움 개최				생물 이공학부
398	1월	20일	나라산 나라귤로 병원식 제공 농학부×의학부 나라병원 '식사 만족도 향상 프로그램'				농학부 나라병원
399	1월	23일	긴테츠 선로 지역 상품 브랜드 '다양한 Kintetsu' 제4탄 상품 '긴키대학 농학부 헤구리실습농장에서 생산한 고구마 젤라토' 출시	○	○		농학부
400	1월	24일	히로시마현 주최 '매력 있는 건축물 창조 사업 패널 전시회 2016' 공학부·히로시마캠퍼스				공학부
401	1월	25일	긴키대학 심리임상·교육상담 센터 발달 장애 아동을 위한 '발달 상담회' 개최	○	○		종합사회학부
402	1월	26일	산업이공학부 합주부 '제3회 정기 연주회' 개최 세계대회 출전 경력 있는 긴키대학 부속 후쿠오카고등학교 밴드부가 게스트로 출연				산업이공학부
403	1월	27일	미국, 영국, 라오스, 일본의 제일선에서 활약하는 연구자를 초빙해 공정 무역에 관한 국제 심포지움 개최				농학부

지知와 땀과 눈물의
긴키대학류 커뮤니케이션 전략

404	1월	31일	말레이시아 사바대학에서 유학생 수용에 대한 답례로 감사장 수여 긴키대학 수산연구소 14년간 92명 유학생 수용			○	수산연구소
405	2월	1일	소아 난치병인 진행성가계성간내담즙체증 2형을 대상으로 한 페닐부티르산나트륨 II상 시험 (의사 주도 치험)을 개시				의학부
406	2월	3일	2/13(월) '이코마시(生駒市) 헌장 회합' 개최 긴키대학 농학부 호소야 카즈미(細谷 和海) 교수 기념 강연	○	○		농학부
407	2월	6일	긴키대학의사회·오사카의사회·일본의사회 주최 강연회 '의료인의 워크·라이프·밸런스를 생각하다'				의학부
408	2월	6일	콘서트로 학생과 지역 주민이 교류 클래식 기타의 음색과 초콜릿으로 달콤한 시간을			○	경영학부
409	2월	7일	특별 게스트로 미야가와 아키라(宮川 彬良) 씨 초대 합주부 제41회 POPS CONCERT 개최	○	○		학생부
410	2월	9일	2016년도 졸업증서 수여식 거행 싱어송라이터 곤도 나츠코(近藤 夏子) 씨가 응원가 피로	○	○		부속도요오카 중고등학교
411	2월	9일	세계 최초! 알마 망원경으로 암흑 왜소 은하 빛을 잡다 수수께끼에 싸인 암흑 왜소 은하 정체의 해명에 첫걸음	○	○		이공학부
412	2월	13일	긴키대학 합주부 연주, 교원과 아동 총 700명은 '사랑의 댄스' 긴키대학 부속 초등학교 '예술 감상회' 개최				부속 초등학교

번호	월	일	내용				담당
413	2월	15일	긴키대학, 요시모토쿄고, 오므론, NTT니시니혼 공동 연구 '웃음'의 의학적 검증 연구 시작	○	○	○	홍보부
414	2월	15일	'어류 완전 양식 고도화' 심포지움 개최 사립대학 전략적 연구 기초 형성 지원사업 프로젝트	○	○		수산연구소 농학부
415	2월	15일	히가시오사카시·긴키대학 안티에이징센터 공개 강좌 '술은 백약의 으뜸이라지만 만병의 근원'		○		약학부
416	2월	16일	예술 감상회 '오사카 필하모니 감상회' 개최 제52회 '프라하의 봄 음악제' 심사위원 특별상 수상자를 지휘자로 초대		○		부속와카야마 중고등학교
417	2월	17일	후쿠오카현(福岡県)×긴키대학 취업 지원 협정 체결 학생 유턴 취업 활동 지원을 통해 지역 활성화 추진				캐리어센터
418	2월	20일	긴키대학 수산연구소와 오카다우라(岡田浦) 어협이 제휴해 키운 '센난(泉南) 붕장어' 장어 노포와 협업, 고향세 납세 답례품으로 전국 데뷔	○	○		수산연구소
419	2월	20일	슬라임 완구와 터지지 않는 비누 방울에 대한 연구 발표 긴키대학 부속후쿠오카고등학교 과학연구회 심포지움	○	○		부속후쿠오카 고등학교
420	2월	20일	'바이오 코크스' 브랜딩 사업 본격 시동 문부과학성 '2016년도 사립대학 연구 브랜딩 사업'에 선정	○	○		이공학부
421	2월	21일	낙하산 고용이 공공사업 수주를 늘린다 낙하산 고용 기업이 유리하게 작용하여 시장 경제에도 영향을 끼친다	○	○	○	경제학부

지知와 땀과 눈물의
긴키대학류 커뮤니케이션 전략

No.	월	일	내용				담당
422	2월	21일	긴키대학발 벤처기업 '머린 긴다이'가 '농업 벤처상 (농림수산부장관상)' 수상		○	○	수산연구소
423	2월	23일	초·중학생 대상 병원에서 직업 체험 실시 오사카 사야마시(狭山市) 소년지도원회·PTA 연락협의회와 협력, 지역 직업 교육에 공헌	○	○		의학부
424	2월	23일	긴키대학 약학부 암 전문가 위원회 주최 제1회 체력 평가 심포지움		○		약학부
425	2월	23일	긴키대학 이공계 대학원생 총 173명이 집결하는 이벤트 '종합이공마스터스 2017' 개최				이공학부
426	2월	24일	뇌경색, ALS, 알츠하이머병의 새로운 치료법 개발에 기대 신경줄기세포가 염증으로 인해 비정상적으로 분화하는 구조를 해명				의학부
427	2월	24일	국제적인 암 연구자 창출을 긴키대학 의학부가 견인 암 치료 국제 심포지움 개최				의학부
428	2월	24일	치매 노인의 생활의 질을 향상하기 위한 학제적 심포지움 의공문리(医工文理) 접근으로 치매에 대한 문제 해결에 도전	○	○		종합 사회학부
429	2월	27일	긴키대학 채리새먼을 이용한 철판구이 요리를 '프레지던트 치보(千房)'에서 기간 한정 판매합니다		○	○	수산연구소
430	2월	27일	고야쵸(高野町)×긴키대학 '대학의 고향 협정' 체결 고야쵸와 지역 교류 사업에 공헌	○	○		사회제휴 추진센터 총무부

431	2월	28일	순환형 사회에 대응하는 '재생골판지 다실(茶室)' 3월 2일(목)~15일(수) 학생 작품 전람회 개최		○		건축학부
432	2월	28일	긴키대학 캐비아&체리새먼을 사용한 신 메뉴 제공 긴키대학 캐비아 인터넷 판매 개시		○	○	수산연구소
433	2월	28일	나라현(奈良県) 농업의 미래를 관학(官学)이 구한다 긴키대학 농학부와 나라현이 제2회 합동 연구회 개최				농학부
434	3월	1일	의학부 부속병원 암센터 주최 제9회 시민 공개 강좌 '폐암 치료의 모든 것'을 설명합니다				의학부
435	3월	1일	긴키대학 이공학부 최첨단 연구가 집결 '제9회 이공학부 연구 발표 교류회' 개최			○	이공학부
436	3월	2일	히가시오사카캠퍼스 대규모 정비 '초(超) 긴키대 프로젝트' 'ACADEMIC THEATER' 그라운드 오픈	○	○		아카데믹 미츠실
437	3월	6일	전국 최초! 별책 "방재 직업별 전화부"의 노하우를 도입한 본격적인 대학 방재 북 탄생 히가시오사카시 소방국 협력 하에 관민학(官民学) 공동으로 만들어 신입생들에게 배부		○		경영학부
438	3월	6일	산천어 치어 방류 '구마노가와(熊野川) 청류 축제' 신구(新宮) 상공회의소 청년부 주최	○	○		수산연구소
439	3월	6일	긴키대학 대학원 종합이공학 연구과 히가시오사카 모노즈쿠리전공 특별 강연회 '히가시오사카 모노즈쿠리전공의 발전을 위하여'				이공학부

지知와 땀과 눈물의
긴키대학류 커뮤니케이션 전략

번호	월	일	내용				담당
440	3월	7일	어드벤처 월드×긴키대학 산학 제휴 협정 체결 희소동물의 유전자원을 이용한 연구 전개를 도모	○	○		생물 이공학부
441	3월	8일	초·중·고 교원 대상 이과 실험 체험 이벤트 개최 수업에서 사용할 수 있는 실험 교재 무상 제공			○	이공학부
442	3월	9일	모스크바대학생 내교, 학술 교류와 일본 문화를 체험 국경을 초월한 학생 교류가 시작				국제교류실
443	3월	9일	원소명으로 유명한 물리학자 오가네손 씨 강연회 개최	○	○		국제교류실
444	3월	10일	취업활동 시 좋은 인상 만들기 세미나 개최 취업 헤어 컷 시범과 다이마루마츠자카야 (大丸松坂屋)의 면접 세미나 동시 실시			○	경영학부
445	3월	10일	'올림픽·패럴림픽·무브먼트 전국 전개 사업' 긴키대학 감수 실시 실전 리포트 방송에 대해				스포츠 진흥센터
446	3월	10일	일반입시 지원자 수 역대 최고 14만 6,896명 2017년도 일반입시 지원자 수 확정	○	○		입학센터
447	3월	13일	2016년도 졸업증서·수료증서 수여식 거행 나바리(名張)에서 우수한 기술자 177명 배출	○	○		공업고등 전문학교
448	3월	13일	올해도 층쿠♂ 씨 입학식 기획 'Connect With The World'를 주제로 신입생 환영	○	○	○	홍보부
449	3월	13일	다채로운 색상을 만들어 내는 색소 개발 항균 작용 기능을 가진 염료의 저비용화에 기대			○	이공학부

No.	월	일	내용				소속
450	3월	14일	체육회 수상경기부 패러스위머 이치노세 메이 (一ノ瀬 メイ) 3/22 Amazon Fashion Week TOKYO 출연 결정				스포츠 진흥센터
451	3월	14일	대학원생이 네트워크 이행 지원 시스템 개발 시간·비용·인적 실수를 삭감하는 시스템으로 학회상 수상				이공학부
452	3월	16일	사람과의 관계 '소셜 캐피탈'이 강할수록 사회·지역의 방재력이 높은 것을 해명				경제학부
453	3월	16일	피부 미용 효과의 규명이 진행되는 알로에 베라 액즙 새로이 가수분해 히알루론산의 피부 침투를 높이는 효과 발견		○		약학부
454	3월	17일	'간염·간암을 알자!' 시민 공개 강좌 개최 무료 상담회에서 전문의와 개별 상담 실시	○	○		의학부
455	3월	17일	시험 연구용 원자로의 교육·연구 이용 재개에 대해	○	○	○	원자력 연구소
456	3월	17일	졸업생 이노우에 마사키(井上 雅貴) 감독 특별 기념 강연회 영화 '레미니센티아' 도요오카 개봉 전날 모교 방문		○		부속도요오카 중고등학교
457	3월	21일	오사카부 교육위원회 주최 '배움의 캠퍼스' 실시 초·중학교 교원이 '놀이로 영어를 재미있게 배우는' 방법 체험			○	영어촌 E^3[e-cube]
458	3월	22일	자습실 좌석 예약 스마트폰 앱으로 관리 여성 전용실을 포함한 24시간 이용 가능·보안 강화에도 활용		○		아카데믹 미츠실

지知와 땀과 눈물의
긴키대학류 커뮤니케이션 전략

459	3월	22일	니시니혼 최대급 오픈 캠퍼스 개최 대규모 캠퍼스 정비로 탄생한 새 구역 첫 공개	○	○		홍보부
460	3월	22일	영어촌 E³[e-cube]에서 국내 유학 중학교 3학년·고등학교 2학년 대상 'English Spring Camp 2017' 개최				부속신구 중고등학교
461	3월	24일	긴키대학 CAMPFIRE 클라우드 펀딩 제2탄 멸종 직전 '기슈(紀州) 재래 약용 차조기'를 지키자!				생물 이공학부
462	3월	27일	일본 최초 프로 복싱 챔피언 요시카와 나나 (好川 菜々) 선수 2017년 4월 긴키대학 통신교육부 부부 동반 입학	○	○		통신교육부
463	3월	27일	Apple Distinguished School 인정 기념 동영상 본교 WEB 사이트에서 공개				부속 중고등학교
464	3월	28일	'ACADEMIC THEATER' 오프닝 세리머니 히가시오사카캠퍼스 새 구역에서 개최	○	○		아카데믹 미츠실
465	3월	28일	건축학부 "구마노(熊野)에 살다!" 개최 구마노 아트·인·레지던스·프로젝트				건축학부
466	3월	28일	대학 안내 "KINDAI GRAFFITI 2018" 완성 1,175명의 학생 게릴라 취재! 전국 유명 서점에서 판매				홍보부
467	3월	28일	메셀슨과 긴키대학 약학부가 공동 연구로 꽃가루 알러지에 노출되기 쉬운 남녀별 모발 중의 미네랄 상태를 해명		○		약학부
468	3월	29일	긴키대학 산업이공학부 입학식 합주부·댄스부·야구부가 환영 분위기를 연출	○	○		산업이공학부
469	3월	29일	발효 식품의 힘으로 건강 서포트 '순·효' 출시 긴키대학×낫토 팜(주) 공동 연구 성과				약학부

부록
긴키대학 홍보부

470	3월	30일	2017년도 제56회 입학식 거행 나바리(名張)에서 우수한 기술자 배출을 목표로				공업고등 전문학교
471	3월	30일	긴키대학 생물이공학부 의용공학과 제4기생 임상공학기사 국가시험 합격률 100% 달성		○		생물이공학부
472	3월	31일	모리타 테츠(森田 哲) 교장·원장 취임 긴키대학 부속 초등학교·유치원	○	○		부속 초등학교
473	3월	31일	메디컬 서포트 센터(KINDAI 진료소) 개설 캠퍼스 내 의사 상주 여성에게 좋은 clinic을 목표				총무부
474	3월	31일	나카가와 쿄카즈(中川 京一) 교장 취임 긴키대학 부속 중·고등학교				부속 중고등학교

지知와 땀과 눈물의
긴키대학류 커뮤니케이션 전략

제가 책을 내리라고는 꿈에도 생각하지 못했습니다.

인터넷 중심으로 생활하다 보니 책을 자주 읽는 편도 아니고, 하물며 글을 쓰는 일을 아주 싫어합니다. 일은 열심히 하고 있지만, 성공했다는 실감은 전혀 없습니다. 애초에 책을 쓸 시간도 없습니다만, 저와 동갑이면서 긴테츠 홍보부에서 근무할 당시 친한 친구이자 홍보 쪽 개인 사범이라고도 할 수 있는, 산케이신문(産経新聞) 마츠오카 타츠로(松岡 達郎) 씨한테서 책을 내라는 제의를 받고 한마디로 거절했습니다.

하지만 그가 기자 정신으로 끈질기게 물고 늘어지는 데다, 기자의 요청에는 응해야 한다는 저의 홍보 정신에 불이 붙어, 결국 책을 내게 되었습니다. 우연히 올 2017년은 제가 긴키대학으로 발을 들여놓은 지 10년이 되고, 2011년에 돌아가신 아버지 세코 히로아키(世耕 弘昭)의 7주기가 되는 해라는 점도 받아들이는 이유의 하나였습니다.

부친은 공과 사를 막론하고 저를 칭찬하는 일이 거의 없었습니다. 대학에서도 아들이라는 이유로 대충 넘어가는 일도 없었으며, 업무 보고를 할 때도 동행하는 직원보다 제가 더 긴장했습니다.

부친은 돌아가시기 전에 긴키대학 부속병원에 입원해 계셨습니다. 병문안을 갈 때마다 대학에는 별일 없느냐고 물으시며 병실에서도 업무 보고를 받으셨습니다. 그러고 보니 부친은 제가 어릴 때부터 긴키대학 이야기만 하셨던 것 같습니다.

특히 입시 지원자 수가 격감했을 때에는 심각한 표정으로 '이대로 가면 미래가 없다. 대학이 위험하다'고 하던 말씀이 기억납니다. 부친의 머릿속은 항상 긴키대학으로 가득했던 것 같습니다.

아버지는 고열에 시달릴 때도 병원 책임자를

저자 후기

불러 인사이동을 지시하셨습니다. 그즈음에는 긴키대학도 재무적으로 안정되고, 학생 모집 인원도 증가 추세여서 걱정할 일도 없었을 텐데, 도무지 안심할 수 없으셨던 모양입니다.

그런 아버지가 저에게 한장의 시키시(色紙)[1]를 주신 적이 있습니다. 긴테츠 시절에 미국 계열 호텔로 파견을 나가게 되어 불안한 기분에 사로잡혀 있을 때였습니다. 시키시에는 '비관적으로 준비하고, 낙관적으로 대처하라'고 적혀 있었습니다.

저출산 문제가 심각한 가운데, 부친은 마지막까지 긴키대학의 미래를 낙관적으로 보지 않고, 살아남는 법을 끊임없이 모색하셨던 것 같습니다. 그러면서도 대학 내에서는 늘 웃는 얼굴을 하시고, 회의할 때도 농담을 곧잘 하셨습니다. 어두운 표정은 보이지 않으셨습니다.

언제부터인가 만날 때면 하던 말씀이 있습니다. '나는 이미 손을 놓았다. 뒤는 너희에게 맡긴

---

1 역주: 시(詩) 등을 쓰기 위한 네모진 두꺼운 색종이.

지知와 땀과 눈물의
긴키대학류 커뮤니케이션 전략

거야. 형을 잘 보필해라’

슬프기는 했지만 ‘맡겼어’라는 아버지의 한마디에 조금은 신뢰를 얻었다는 느낌을 받았습니다.

저는 지금 대학의 일개 직원이지만, 지금까지 실천해 온 긴키대학류 커뮤니케이션 전략에 대해 전국에서 쉴 새 없이 강연 의뢰를 받고 있습니다. 또 그에 관한 취재 요청도 많이 들어옵니다. 여러 순위를 보면 긴키대학의 미래가 낙관적이라고 생각할 때도 있습니다. 그렇지만 부친이 생전에 주신 ‘비관적으로 준비하고, 낙관적으로 대처하라’는 말씀을 마음에 새겨, 자만하지 않고 앞으로도 긴키대학의 발전에 전력을 다할 것입니다.

이 책의 출판을 흔쾌히 허락해 준 형 히로시게와 대학 간부 여러분, 그리고 바쁜 가운데 교정 작업을 함께 해준 긴키대학 홍보부 동료들에게 진심으로 감사를 드립니다.

2017년 10월

세코 이시히로